图说 工业互联网

人机连接的智能工业新时代

姜雨 于波◎著

人民邮电出版社

北京

图书在版编目（CIP）数据

图说工业互联网：人机连接的智能工业新时代 / 姜雨，于波著. -- 北京：人民邮电出版社，2020.4（2023.2重印）
ISBN 978-7-115-53317-3

Ⅰ. ①图… Ⅱ. ①姜… ②于… Ⅲ. ①互联网络－应用－工业发展－研究 Ⅳ. ①F403-39

中国版本图书馆CIP数据核字(2020)第005168号

内 容 提 要

本书共分为解惑、核心元素、网络体系架构、平台、展望5个章节，从工业互联网的本质出发，深入浅出地论述了工业互联网的内涵、系统架构、关键技术、实践应用和发展方向，案例翔实、观点鲜明、条理清晰，旨在帮助从业者和有兴趣学习这方面知识的读者更好地了解和认识工业互联网，掌握相关专业知识。

- ◆ 著　　姜　雨　于　波
  责任编辑　赵　娟
  责任印制　彭志环
- ◆ 人民邮电出版社出版发行　北京市丰台区成寿寺路11号
  邮编　100164　电子邮件　315@ptpress.com.cn
  网址　http://www.ptpress.com.cn
  北京虎彩文化传播有限公司印刷
- ◆ 开本：880×1230　1/32
  印张：5.25　　　　　　　2020年4月第1版
  字数：101千字　　　　　2023年2月北京第7次印刷

定价：49.80 元

读者服务热线：(010)81055493　印装质量热线：(010)81055316
反盗版热线：(010)81055315
广告经营许可证：京东市监广登字20170147号

 天下大势，浩浩荡荡。作为典型的"各领风骚三五年"的行业，几乎每隔一段时间，互联网行业便会出现一个因为技术的跃迁而引发的新浪潮。毫不夸张地说，互联网的发展有效地提高了人们的沟通效率，并深刻地改变了人们的生活方式。

 如今，随着社会的不断发展和科技的不断进步，互联网技术已经全面渗入我们生活的方方面面。而伴随着新一轮科技革命和产业革命的蓬勃兴起，互联网的应用也正在不断地渗透到更为复杂的工业领域，并成功开启了人机连接和智能工业新时代，加速了制造业向数字化、网络化、智能化方向的全面延展，在提高生产效率、产品质量、服务品质，降低成本，改变商业模式等方面发挥了重要作用。

 作为现代工业和新一代网络信息技术融合发展催生出的新事物，工业互联网逐渐成为新一轮的产业革命竞争和全球化的发展战略。如果说工业化为我们创造了机器、设备和系统网络，那么互联网革命就为我们带来了计算、信息与通信系统的进步。而通过工业互联网，这两大对人类社会的发展和进步具有重要推动意义的革命成果又得到了完美的连接，从而为工业经济的数字化、网络化和智能化提供了基础设施，并对实现生产制造领域的全要素、全产业链、全价值链的连接起到了重要的支撑作用。

由此可见，加快工业互联网的发展进程已经成为大势所趋。一方面，这是实现制造业与互联网的深度融合、顺应产业发展趋势、抢占产业发展先机的战略选择；另一方面，这也是促进高质量发展，推动制造业质量变革、效率变革和动力变革的客观要求。

如今，我国的工业互联网建设刚刚起步，为了让更多的人认识和了解工业互联网，进一步推动工业互联网的快速发展，创作一本系统研究工业互联网理论体系、技术架构、实施方案、应用需求等问题的著作是很有必要的。也正是基于此，此书才应运而生。

第一章 解惑

自动化与信息化结合的工业新模型 / 003

基于互联网的数字工业 / 014

工业互联网与工业 4.0 的异同 / 024

工业互联网的中国战略 / 027

第二章 核心元素

智能机器 / 032

工业大数据 / 046

人机连接 / 071

第三章 网络体系架构

网络互联体系 / 083

地址与标识解析体系 / 090

应用支撑体系 / 097

第四章 平台

释疑 / 106

4 种视角 / 119

3 个种类 / 124

四大功能 / 132

第五章 展望

技术体系升级带动产业革命 / 142

工业互联网的未来发展趋势 / 153

第一章　解惑

在如今这个时代，互联网早已成为伴随社会向前发展的"必需品"，它渗透在社会生产、商业交换与社会生活的方方面面。然而在互联网发展的前30年，我们感受到的互联网力量从未与作为文明发展支柱的"工业"产生紧密的联系。

追溯世界文明发展的历史，我们能够看到，世界的现代化进程与科技的创新革命之间存在着一种非常密切的相互作用，而每一次科技革命都会带来工业的飞速发展，从而引发一场相辅相成的工业革命。让我们看一看迄今为止世界现代化进程中的6次浪潮，它们分别是机械化、电气化、体验化、自动化、仿生化、信息化，如图1-1所示。

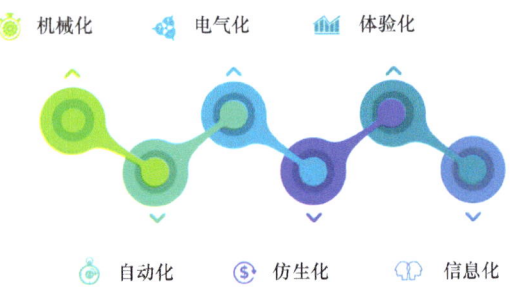

图1-1 世界现代化进程中的6次浪潮

伴随6次浪潮产生的4次工业革命则是机械取代人力、自动取代手动、大批量取代单件物流、自动化升级为智能化，如图1-2所示。

图1-2 4次工业革命

根据这样的对应关系，工业革命的新篇章将呈现以下 3 个方面的进步，即步入"工业互联网"时代，如图 1-3 所示。

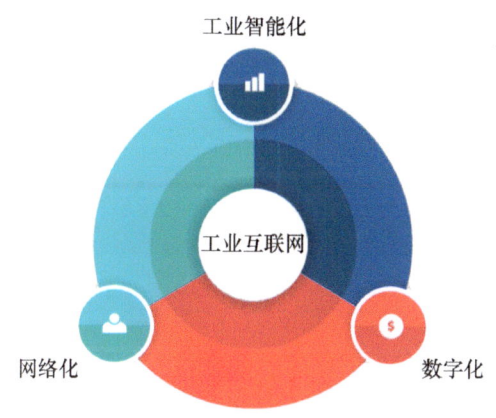

图 1-3　工业革命的新篇章

自动化与信息化结合的工业新模型

工业互联网在全球范围内的提出者是美国，与之相对应的另一个概念叫作"工业 4.0"，如图 1-4 所示。下面，我们一起来回顾一下从工业 1.0 到工业 4.0 的发展进程。

尽管世界工业因为 3 次革命取得了长足的发展，但有一些难题仍然没能得到解决。例如，在工业 1.0、2.0、3.0 时代，因为生产厂家无法低成本地了解每个客户的需求，所以往往采用"一刀切"的方法，把需求多的性能组合到一起，成为一款产品。图 1-5 所示的是工业 3.0 与工业 4.0 时代的生产情况对比。

图1-4　从工业1.0到工业4.0的发展进程

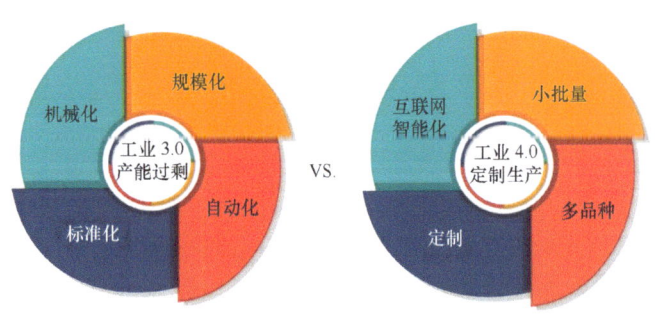

图1-5　工业3.0与工业4.0时代的生产情况对比

例如,你想要一款适合你体型的衣服,但服装厂是无法知道你的体型的,所以只能测量很多人的体型之后,把集中的尺码分成40号、41号、42号等。如果你的体型偏肥或者偏瘦,可能就很难买到合适的衣服。

工业4.0的提法来源于德国政府《德国2020高技术战略》中提出的十大未来项目之一。它旨在提升制造业的智能化水平，建立具有适应性、资源效率及基因工程学的智慧工厂，在商业流程及价值流程中整合客户及商业伙伴。工业4.0的内容如图1-6所示。

图1-6　工业4.0的内容

⊙ 智能工厂

我们首先来看"智能工厂"。"智能工厂"重点研究智能化生产系统及过程，通过大数据实现智能供应链，使网络化分布式的生产设施能够按需合理运转，提升生产效率。智能工厂的生产流程如图1-7所示。

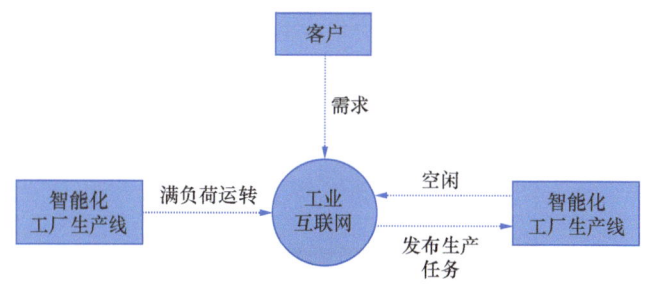

图1-7　智能工厂的生产流程

当然，上述内容仅仅是智能工厂的作用的部分体现，除此之外，智能工厂还有其他作用，如图1-8所示。

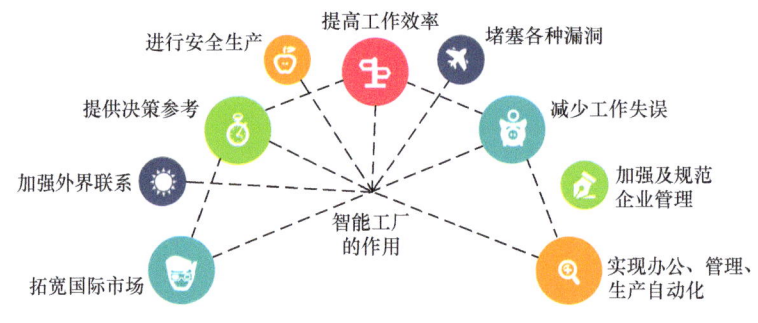

图1-8　智能工厂的作用

⊙ 智能生产

智能生产的主要内容如图1-9所示。

图1-9　智能生产的主要内容

让我们来看一个例子。

在一个可口可乐的生产车间里，生产线上连续过来3个瓶子，每个瓶子都自带一个二维码，上面记录着这是为客户A、客户B和客户C定制的饮料。灌装流程如图1-10所示。

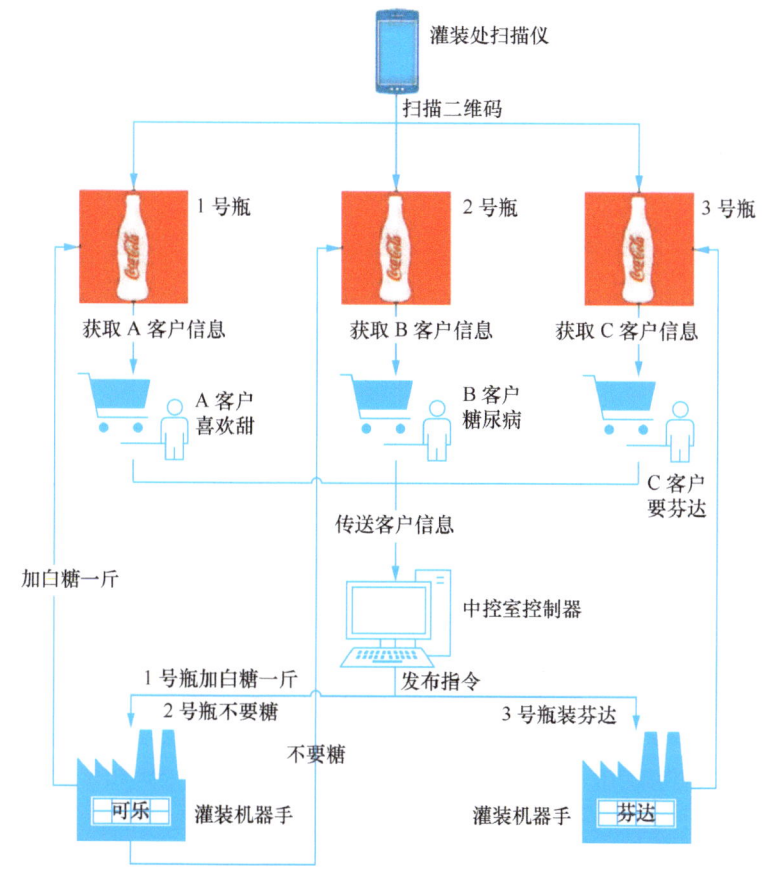

图 1-10 可口可乐灌装流程

这就是我们看到的智能生产。它能够实现多品种、小批量、定制化的生产。例如，每罐饮料从客户在网上下单的那一刻起，就进入了定制流程，饮料所有的特性都是符合客户喜好的。

因此，要想实现智能生产，生产的原材料、生产设备、管理信息系统及相关系统必须统一调配、集中管理，这在从前是不可想象的。

我们一起看一下传统工厂的生产流程，如图 1-11 所示。

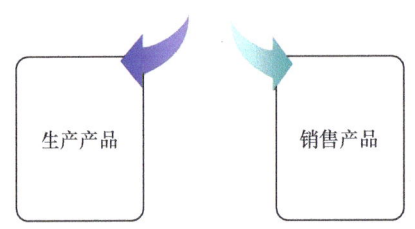

传统工业企业产品生产流程

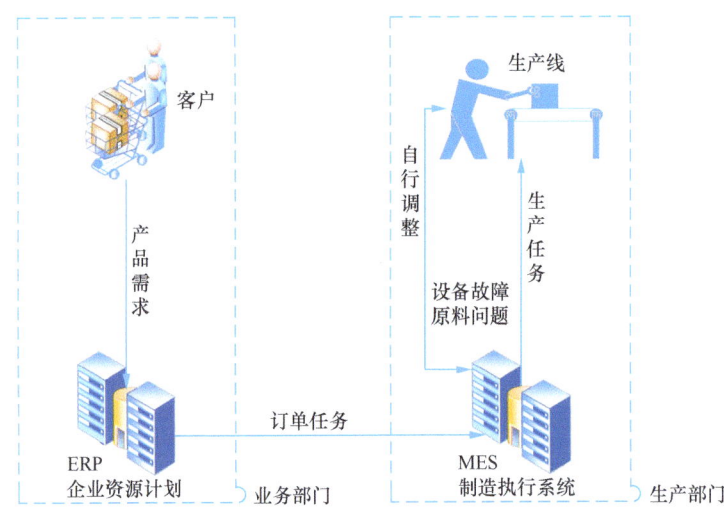

图 1-11　传统工厂的生产流程

传统企业的企业资源计划（Enterprise Resource Planning，ERP）系统和制造执行系统（Manufacturing Execution System，MES）是分割开来的，MES 的信息无法反馈给 ERP 系统，信息的不贯通导致一线的决策精细化控制实际上是无法做到的。这就是不能实现智能化生产的症结所在。

要实现订单控制与生产控制之间的贯通，就必须依赖互联网、物联网、大数据等技术，这就是我们在工业 4.0 时代要去解决的问题。

⊙ 智能运维

在如今的制造系统中，存在着许多无法被决策者掌握的不确定因素，前 3 次工业革命主要解决的都是可见的问题，如避免产品缺陷等，这些问题在生产中由于可见、可测量，往往比较容易避免和解决，但很多不可见的问题由于传统技术手段的限制而难以控制。

机器、设备、产品尽管仍然是我们在工业 4.0 时代关注的核心，但机器的表现、产品的健康状况已不再由人工决定或评估。工业 4.0 的生产流程及产品使用的状况都可以转化为可量化的数据，人为的因素将被降至最低。在数据的支持下，生产流程的透明度将大幅提高，产品的可追溯也成为可能。同时，对生产制造过程中产生的海量数据进行分析与挖掘，还可以将数据转化为描述机器行为及健康状况的信息，这使机器在充分了解自身的运行状态与健康状况的基础上，可以根据自身行为的趋势对未来自身的表现进行预测。同时，这些从数据中获得的信息还能够为机器性能维护、生产管理、设计等提供决策支持，进一步帮助机器提升质量与生产效率。最后，有效的数据信息还可以使生产设备具备自我学习与自我认知的能力，人工经验与知识则可以转化为智能的数字化分析算法，使整个运维流程更加智能化。

⊙ 智能服务

工业 4.0 不仅能在生产方面提供价值,而且能在服务层面满足用户的需求。它不仅关注如何将一个产品制造出来,还对如何使用好这个产品、如何实现产品价值的最大化负责。工业 4.0 使产品的创新和价值的创造不再仅仅以满足用户可见的需求为导向,而是利用用户的使用数据创建使用场景模拟,从情景模拟中找到用户那些"不可见的需求"。因此,产品的智能服务成为一个产品的真正价值所在。智能服务如图1-12所示。

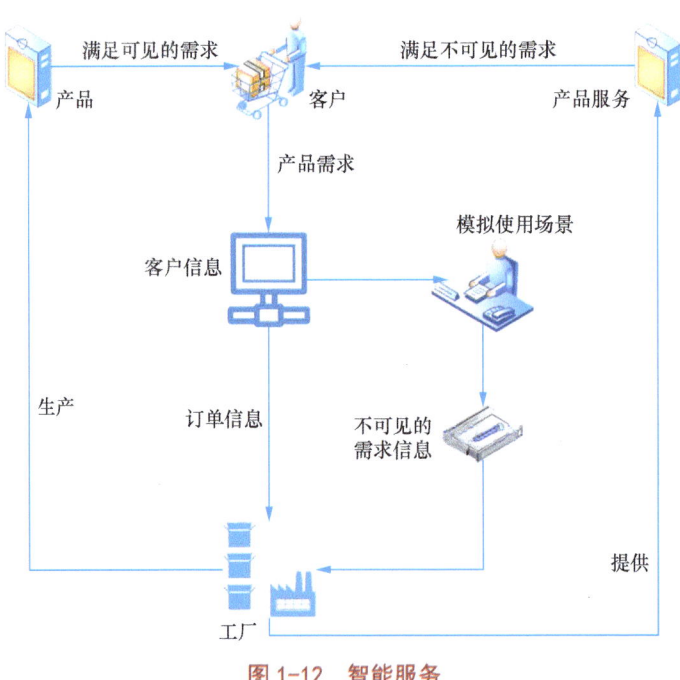

图 1-12　智能服务

在未来用户驾驶汽车的过程中,汽车能自动识别用户驾驶习惯的变化,提醒用户这种变化对于能耗和剩余里程的影响;在上下班高峰期,汽车通过海量的交通数据预测出未来一段时间内可能通过道路的拥堵情况,并为用户推荐最佳路线;在驾驶过程中,汽车还可以记录路面的平整度,这些数据首先在系统内被分享,提醒后面的驾驶者减速驶过一段坑洼的路面;回到家后,用户还可以通过手机查看一天的驾驶记录,掌握不同驾驶模式下的能耗情况,与社区的其他用户分享这些数据信息;用户还能查看汽车的健康状况报告,实时了解故障风险;系统还可以提供驾驶习惯的改善建议。

由此可见,工业4.0让汽车厂商不单单是卖出一辆汽车,而是通过额外的增值服务实现了汽车价值的延伸。

⊙ 智能物流

智能物流主要通过互联网、物联网、物流网整合物流资源,充分发挥现有物流资源供应方的作用,而需求方则能快速获取服务匹配,得到物流支持。图1-13所示的是菜鸟联盟自动化仓库。

图1-13 菜鸟联盟自动化仓库

智能物流利用条形码、射频识别技术、传感器、全球定位系统等先进的物联网技术和设备，通过将信息处理和网络通信技术平台应用于物流业运输、仓储、配送、包装、装卸等基本活动环节，实现货物运输过程的自动化运作和高效优化管理，提高物流行业的服务水平，降低成本，减少自然资源和社会资源的消耗。

菜鸟联盟自动化仓库专门为天猫超市提供仓储和分拣服务，与其他仓库最大的不同是其自动化程度高，从收到订单到包裹出库，除了条码复核等环节均实现了自动化。菜鸟联盟自动化仓库的自动化流程如图1-14所示。

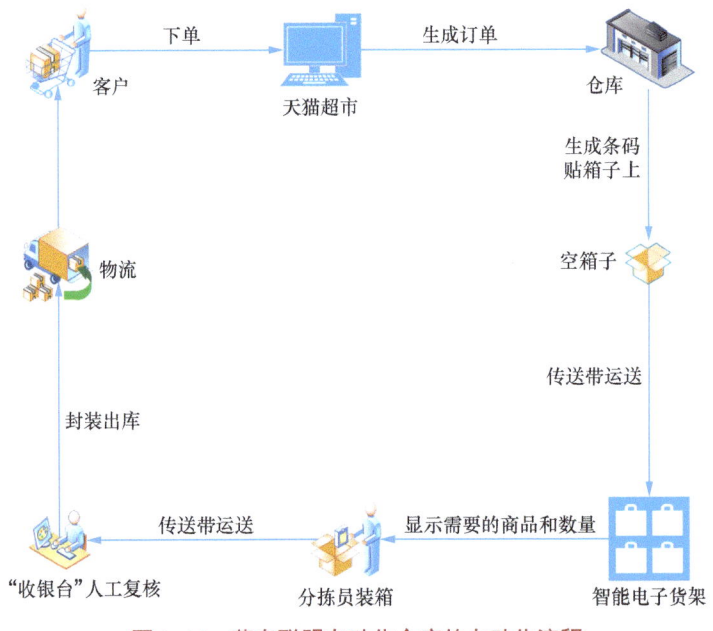

图1-14　菜鸟联盟自动化仓库的自动化流程

菜鸟联盟自动化仓库通过自动化技术从收到订单到包裹出库平

均只需要10分钟,时间远远短于传统仓库。菜鸟联盟自动化仓库的自动化主要体现在以下4个方面,如图1-15所示。

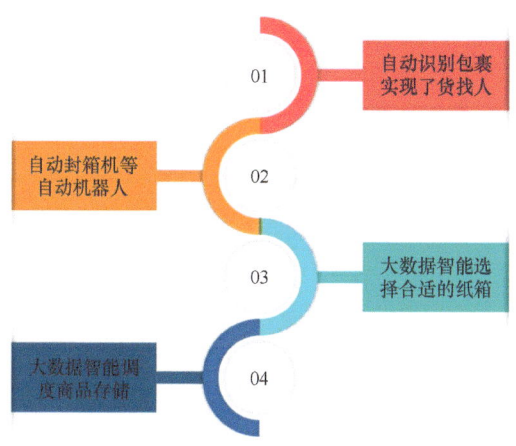

图1-15 菜鸟联盟自动化仓库自动化的主要体现

首先是自动识别包裹实现了货找人。在菜鸟联盟仓库的传送带上,每隔一段距离就有传感器,其可识别纸箱上的条形码,再决定纸箱下一步去哪,支持路线合并和分流,一个订单对应的包裹会被传送到不同货架装入商品,传统仓库则需要分拣员拿着纸箱去不同货架前找商品。自动化方案大幅降低了分拣员的劳动强度,提高了包裹生产的时效性和准确率,时效性是菜鸟网络当日达、次日达服务的基础,而准确率意味着更好的用户体验以及更低的纠错成本。

其次是自动封箱机等自动机器人。菜鸟自动化仓库通过自动封箱机实现了纸箱打开、贴码、封装等步骤的自动化,缩短了商品的打包时间。

再次是大数据智能选择适合的纸箱。一个订单对应的商品数量和种类不同，意味着它需要不同大小的纸箱，一般仓库是由人根据经验来选择的，效率低且很可能会浪费大纸箱。菜鸟仓库在不同商品入库之前就知道其尺寸和特性，基于此自动为一个订单分配最合适的纸箱，从而节省包装成本。

最后是大数据智能调度商品存储。结合大数据，菜鸟自动化仓库可以预测哪些商品将畅销和不再畅销，进而对其存放的仓库和货架进行智能调度，减少商品的物流节点，缩短商品的传送路径，提升商品的仓储和物流效率。

菜鸟的自动化仓库运用了当前最新的一些技术，例如，传送带自动识别包裹路径运用了物联网技术，自动封箱机运用了工业机器人技术，智能选择纸箱和调度商品则运用了大数据技术。

在引进了新兴技术后，智能物流无论是从时效性还是准确性来看，均提升了用户体验，进一步降低了物流成本，提升了人与商品的连接效率。

综上所述，整个工业4.0的过程其实是自动化和信息化不断融合的过程，是大数据持续发挥价值的过程，也是用新技术重新定义生产与服务的过程。

基于互联网的数字工业

在互联网领域，美国是当之无愧的大国，美国由于互联网技术的崛起，虚拟的互联网和实体的工业无缝对接，工业的发展速度早已赶超工业4.0的首创者德国。因此在工业领域，美国提出的工业互联网概念更具有象征意义。

美国基于强大的互联网技术以及在消费产业的广泛应用经验，将大数据采集、分析、反馈以及智能化生活的全套数字化运用引入工业领域，工业互联网的概念应运而生。工业互联网的组成内容如图1-16所示。

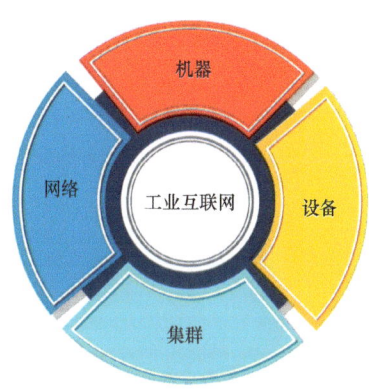

图1-16　工业互联网的组成内容

工业互联网能够在更深的层面与连接能力、大数据分析相结合，从而有效地发挥出各机器的潜能，提高生产力。也就是说，实现工业的数字化，从而提升生产与服务的能力，是实施工业互联网的终极目的。

"工业互联网"是美国通用电气公司（General Electric Company，GE）的研发部门提出的名词，它代表着GE未来的发展方向。GE希望通过在其产品中增加更多的传感器来获取海量数据,并最终帮助公司提高其机车、飞机引擎、核磁共振仪器等设备的能源效率。GE数据可视化演示如图1-17所示。

图1-17 GE数据可视化演示

GE计划未来几年内在"工业互联网"项目上投入15亿美元,其中一部分预算将用于支持其新成立的软件研发中心的研究项目。例如,该研究中心的一个项目是解决如何筛选GE生产的2万台喷气引擎中不易察觉的警报信号问题,以此来预测哪些设备需要。对于某些型号的引擎,GE的机器工程师通过算法能够提前一个月预测其维护需求,预测准确率高达70%,这可以极大地减少飞行延误。

从前的飞机发动机中的传感器大多是被动模式,即直到出现故障后才会在仪表盘上亮红灯提示。这类传感器的应用十分广泛，如测量温度、压力、电压等。然而在过去，这些传感数据很少被保留和研究。在大多数飞行中，发动机只会保留3个数据，分别是起飞、巡航和降落。

GE在最新研发的发动机中将会保留每次飞行的所有基础数据，甚至会从飞机实时传输回GE进行分析。这样一台发动机一年产生的数据量甚至会超过GE航空业务历史上的所有数据总和。

拥有了这些数据，GE的工程师们就能够通过算法设计出预测发动机维护需求的自动报警功能，从而极大地提升飞行效率与安全性。这就是对工业互联网的作用的最好诠释。

2012年11月26日，GE发布白皮书《工业互联网：打破智慧与机器的边界》，提出了工业互联网的概念。GE也开始从传统工业企业向数字工业企业转型。

如今，工业互联网成为制造业和经济发展的新趋势已成为全球共识。市场咨询机构Yole Development预测，2020年全球工业互联网使用的专门传感器预计会超过300亿件；工业互联网接入机器设备的数量将爆炸式增长，实现高达25%的年复合增长率。

那么，为什么会出现工业互联网呢？从全球经济的角度来看，它是全球企业在经历了2008年的经济衰退之后，对企业发展方式进行反思的结果。图1-18所示的是企业过去和现在获取利润方式的对比。

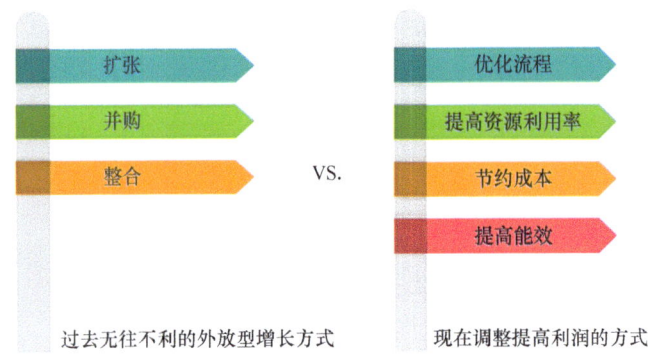

图1-18 企业过去和现在获取利润方式的对比

通过设备与流程的优化，工业互联网可以大幅降低生产成本，提高生产效率。那么工业互联网的主要思想包括哪些呢？概括起来，其主要思想有以下3个方面，如图1-19所示。

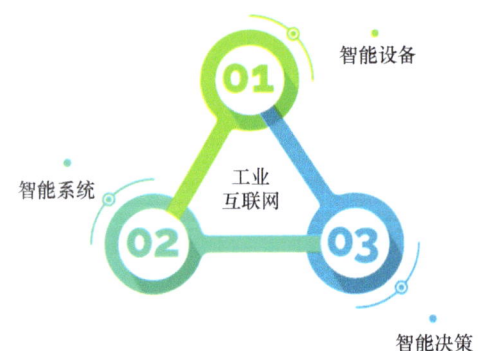

图1-19 工业互联网的主要思想

这些思想能让物理世界中的机器、设施和网络更深入地与数字世界连接，与大数据分析方法相融合。

⊙ 智能设备

智能设备是工业互联网革命的第一步。智能机器能够用比过去更经济的方式装备和监控工业机器；微处理器芯片所提供的计算能力也已经能够满足物理机器的数字智能化；"大数据"软件工具和分析技术的发展为解读智能设备产生的大量数据提供了帮助。同时，智能设备使收集、分析和处理那些已经在理论上存在，但在实践中并没有被充分利用的数据成为可能。

每台智能设备都会产生大量数据，这些数据可以通过工业互联网传输给远程机器和用户。工业互联网要解决的问题是让那些产生于智能设备的数据流变得更有意义。智能设备如何帮助决策者，如图 1-20 所示。

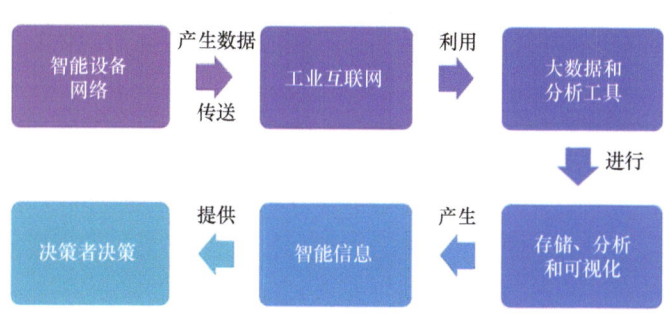

图 1-20　智能设备如何帮助决策者

智能信息还可以在计算机、网络、个人或企业之间共享流动，以促进智能协作和更好的决策。

⊙ 智能系统

工业互联网的智能系统包含多种形式,其作用如图1-21所示。

图1-21 智能系统的作用

以交通网络中的路线优化为例,来具体说说智能系统的作用,如图1-22所示。

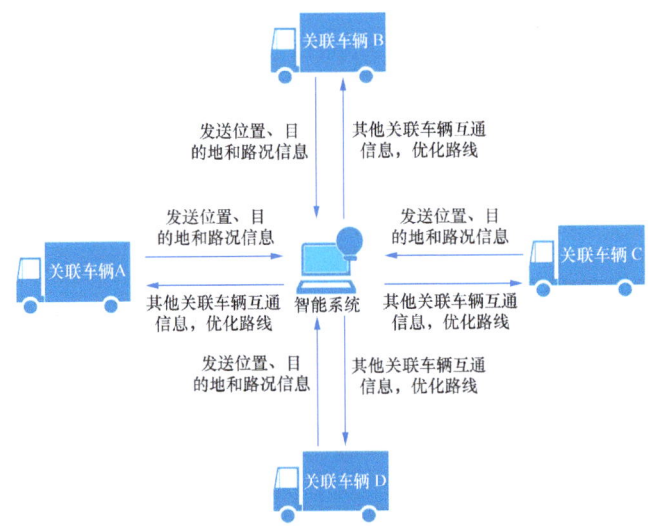

图1-22 关联车辆互通信息,优化路线

智能系统中相互连接的机器的操作可以进行协调，以实现更高的运营效率。例如，智能系统可以用于交通网络中的路线优化，相互关联的车辆可以知道它们自己的位置和目的地，而且也能够知道系统中其他车辆的位置和目的地，从而优化行车路线，找到最有效的解决方案。

智能系统可以进行质量监测。制造过程中的质量监测与预测能力是行业需求，很多质量问题都在事后检测中才被发现，此时往往面临修复或者返工的成本压力甚至事故风险、召回风险，因此制造过程中的实时质量监测至关重要，它是实现降本增效的核心价值。工业人工智能公司蕴硕物联在这方面有所建树，它的核心能力是构建泛在的、即插即用、模块化、被集成的 AI 赋能组件，这类 AI 赋能组件能够快速灵活地部署于多种业务场景。公司集结了一批工业、人工智能领域的资深技术与实践专家，从生产质量 AI 预测性监控决策切入，落地于"工业人工智能"这个重要领域，帮助工业企业实现提质、增效和降本。其中，某著名品牌的空调某款压缩机焊接环节的报废率较高，通过蕴硕质量在线监测及预警优化方案，检测试验节点所在产线单点，相关生产单元报废率从原 1.1% 降低为 0.5%，仅此一项就为该企业每年创造累计经济效益 300 余万元。

智能系统还可以助力企业提升生产流程标准化水平。"智造家"是智能制造产业链的服务平台，为智能制造行业及其上下游企业提供产品、信息、管理、技术、人才、金融等服务。"智造家"

帮助广州明珞汽车装备有限公司建立了基于非标管家的采购新流程和解决方案。现在，明珞 100% 的非标外协采购都使用了非标管家产品和图纸云的产品，使采购过程透明化、实时化，有效地提高了非标采购工作的效率。"智造家"还帮助福建华龙化油器有限公司在原有 ERP 系统的基础上，进行应用扩展，引进"智造家"的图纸云管理系统、透明工厂管理系统、非标管家管理系统，实现研发、生产、质量、交付等环节的一体化管控，转变了企业传统的生产模式。

智能系统还可以降低机器维护的成本。对机器、组件和单个零件的综合总体视图能够让最优数量的零件在正确的时间运送到正确的位置，这将最大限度地减少零件的库存需求，从而降低成本。

智能系统还可以在遭受重大创伤后更快、更有效地恢复系统。例如，在大风暴、地震或其他自然灾害发生后，智能仪表、传感器和其他智能设备和系统的网络可用于快速检测和隔离问题。

智能系统还能通过自我学习提升系统能力。各台机器的操作经验都可以被整合到单一的信息系统中，使系统智能变得更加天衣无缝。例如，从飞机上收集的数据包括位置信息和飞行历史数据，可以提供关于飞机在各种不同环境中的性能信息。根据这些数据得出的判断见解是具有可操作性的，它可以使整个系统变得更有智慧。当越来越多的机器连接到系统中时，这种智慧会不断地累积，从而使自我学习系统随着时间的推移不断成长。

⊙ 智能决策

智能决策也是工业互联网特征的体现。用智能决策解决问题如图1-23所示。

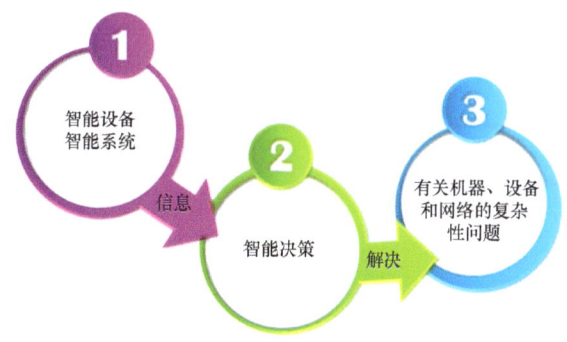

图 1-23　用智能决策解决问题

智能决策是工业互联网的长期愿景，一旦实现就可以大幅提高生产效率，降低运营成本。举个例子，面对范围广泛的风能发电设备，在强风天气下该如何决策？传统决策和智能决策对比示意如图1-24所示。

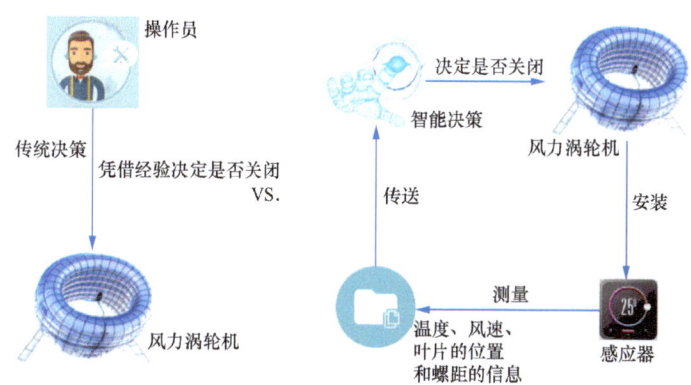

图 1-24　风能发电设备遭遇强风时，传统决策和智能决策对比示意

工业互联网与工业 4.0 的异同

实际上,在近两年兴起的新一轮工业革命中,为了争夺国际产业竞争的话语权,德国实施了工业 4.0,而美国则推出了工业互联网的概念。这二者之间的基本理念相近,都是将虚拟网络与实体产业连接,是对工业未来发展方向和发展模式的探索。

⊙ 工业 4.0 和工业互联网的相同之处

工业 4.0 和工业互联网的相同之处如图 1-25 所示。

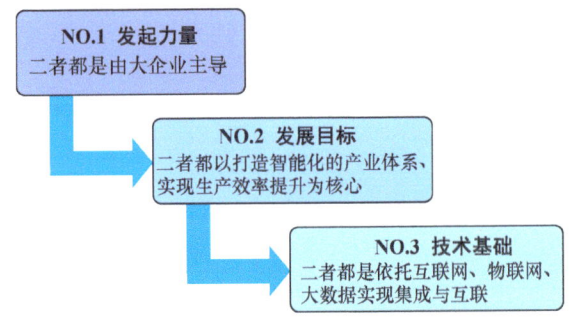

图 1-25　工业 4.0 和工业互联网的相同之处

首先,从发起的力量上看,二者都由大企业主导,两份计划分别是由两国的顶尖制造企业——德国的西门子股份公司与美国的通用电气公司发起的。

工业 4.0 是由德国工程院、弗劳恩霍夫协会、西门子股份公司等联合发起的,并由德国政府纳入《德国 2020 高技术战略》,成为国家十大未来项目之一。工业互联网则是由美国通用电气公司发起的，并由美国通用电气公司、美国电话电报公司、思科系统公司、国际商业机器公司、英特尔成立工业互联网联盟后进行推广。由于两大战略都是由企业提出的，因此企业具有内在动力去宣传、推广和实施。这两份计划在推行的过程中都得到了产业界的认可与欢迎。这反映出企业对创新活动的热情，以及对产业未来方向的深入思考。

其次，从发展目标上看，打造智能化的产业体系，实现生产效率提升是工业4.0与工业互联网的共同核心。在这两大战略里，数字化、网络化和智能化成为制造业发展的重要特征，是制造业企业未来发展的主要方向。工业4.0和工业互联网都不约而同地提出，利用信息化、智能化技术改造当前的生产制造与服务模式，提高企业的生产效率，提升产品和服务的市场竞争力。其中，工业4.0提出，要把信息互联技术与传统工业制造相结合，打造"智能工厂"与"智能生产"，以提高资源利用率；而工业互联网则提出，要将工业与互联网在设计、研发、制造、营销、服务等阶段进行充分融合，以提高整个系统的运行效率。

从技术基础来看，工业4.0和工业互联网均依托互联网、物联网、大数据实现集成与互联。集成与互联是实现智能化制造的核心，工业4.0和工业互联网都以物联网和互联网为基础，进行实时数据的收集、传输、处理和反馈。其中，工业4.0提出，通过信息网络与工业生产系统的充分融合，打造数字工厂，实现价值链上企业间的横向集成，网络化制造系统的纵向集成，以及端对端的工程数字化集成，来改变当前的工业生产与服务模式。工业互联网则提出，要将带有内置传感器的机器和复杂的软件与其他机器、人连接起来，从中提取数据并进行深入分析，挖掘生产或服务系统在性能提高、质量提升等方面的潜力，实现系统资源效率的提升与优化。

⊙ 工业 4.0 与工业互联网的不同之处

工业 4.0 与工业互联网的不同之处如图 1-26 所示。

内容＼项目	工业 4.0	工业互联网
产业链环节	偏重生产制造过程，立足于"智能工厂"与"智能生产"，旨在推进生产或服务模式由集中式控制向分散式增强型控制转变，实现高度灵活的个性化和数字化生产或服务	偏重分析服务的环节，旨在形成开放且全球化的工业网络，实现通信、控制和计算的集合，在智能制造产业体系中偏重于设计、服务环节，注重物联网、互联网、大数据等对生产设备管理与服务性能的改善
发展重点	强调生产过程的智能化，倡导将产品与生产设备之间、工厂与工厂之间进行集成，实现生产系统的有机整合，进而实现生产过程的智能化和生产效率的提升	强调生产设备的智能化立足于全行业的信息资源，提高设备的安全性与可靠性，降低能耗、物耗、维护费用等，同时可以减少生产过程中的人力劳动需求，提高生产过程中的柔性与智能化水平

图 1-26　工业 4.0 与工业互联网的不同之处

工业互联网的中国战略

工业互联网作为新一代信息技术与制造业深度融合的产物,在世界范围内已经成为近年来工业产业最大的趋势之一。大力发展工业互联网对推动互联网和实体经济深度融合,促进"大众创业,万众创新"、大中小企业融通发展,建设制造强国等都具有重大且深远的意义。正因为如此,中国在工业互联网的发展上也早已制定了新的战略。

我国先后出台了一系列政策文件,以充分发挥我国制造大国和互联网大国的叠加、聚合、倍增效应。其中,2017年发布的《深化"互联网+先进制造业"发展工业互联网的指导意见》,明确了我国工业互联网3个阶段的战略部署。这3个阶段的发展目标如图1-27所示。

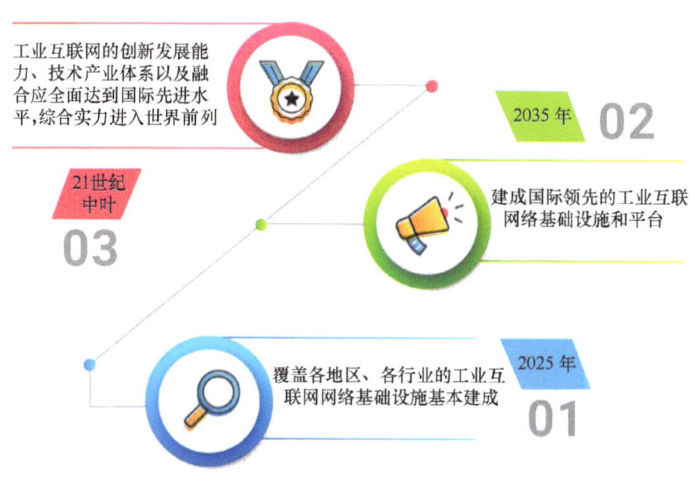

图1-27 我国工业互联网3个阶段的战略部署

《深化"互联网+先进制造业"发展工业互联网的指导意见》提出了三大体系(网络、平台、安全),两类应用(大型企业集成创新和中小企业应用普及),三类支撑(产业、生态、国际化)的建设,即"323行动"。而2018年是中国全面实施工业互联网建设的开局之年,开启三年(2018—2020年)起步行动。"323行动"中构建的三大体系如图1-28所示。"323行动"中的两大应用如图1-29所示。"323行动"中的三大支撑如图1-30所示。

图1-28 "323行动"中构建的三大体系

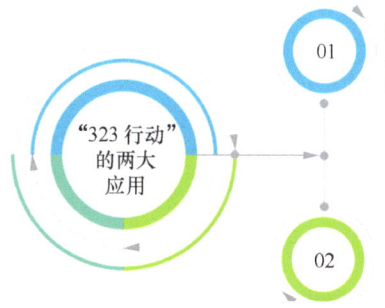

图1-29 "323行动"中的两大应用

"323行动"中的三大支撑

图1-30 "323行动"中的三大支撑

工业互联网的出现为中国制造业创造了难得的历史机遇，因而被置于中国制造强国战略的核心地位，正在逐渐覆盖各个领域，如基础设施、工厂、医疗等。

当今世界，在网络信息技术与工业深度融合的孕育下，在数字化、网络化、智能化新型工业形态的驱动下，工业互联网蓬勃兴起并已成为主要工业国家抢占国际制造业竞争制高点、寻求经济新增长点的共同选择。数据统计表明，2020年全球工业互联网领域投资规模将超过 5000 亿美元。

在这个背景下，中国在"互联网+""十三五"规划纲要、《深化制造业与互联网融合发展的指导意见》《深化"互联网+先进制造业"发展工业互联网的指导意见》等中都明确提出要加强工业互联网的建设。工业和信息化部更是持续推进工业互联网的重大问题研究，指导成立了工业互联网产业联盟，并在国家制造强国建设领导小组下设立了工业互联网专项工作组。

一项针对中国制造业企业的调查显示，91% 的企业计划采用工业云，37% 的上"云"企业希望加大预算，继续用工业互联网改造传统制造业。市场机构预测，到 2020 年工业互联网占整体物联网的市场规模将达到 22.5%，未来 15 年中国工业互联网的市场规模将超过 11.3 万亿元。无疑，中国的工业互联网快速发展已经拉开帷幕。

第二章　核心元素

工业互联网的含义就是在现实世界中把机器、设备和网络在更深层次与信息世界的大数据连接在一起，从而实现工业革命与网络革命这两大革命性转变。作为"工业互联网"概念的提出者，美国通用电气公司构想工业互联网将通过智能机器、先进分析方法以及与人的直接连接，深度融合数字世界与机器世界，深刻改变全球工业发展现状。

工业互联网的三大核心元素包括智能机器、工业大数据、人机连接，如图 2-1 所示。

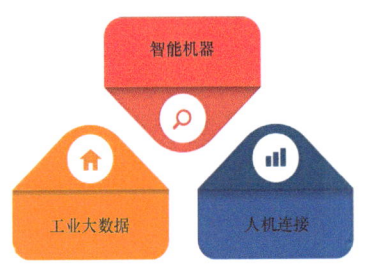

图 2-1　工业互联网的三大核心元素

 智能机器

智能机器的含义是利用先进的传感器、控制器和软件程序连接世界上大量的机器（机床）、设施、机队（车船）和网络。在美国通用电气公司的工业互联网构想里，工业互联网是 200 年来继工业革命和互联网革命之后的第三波创新与变革。三波创新与变革如图 2-2 所示。

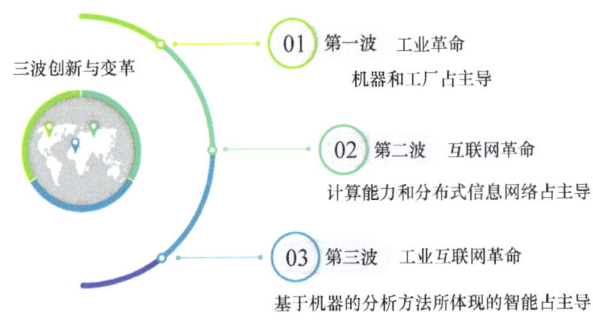

图 2-2　三波创新与变革

智能设备

何为智能设备？它是指任何一种具有计算处理能力的设备、器械或者机器。一台功能完备的智能设备必须具备的功能如图 2-3 所示。

图 2-3　一台功能完备的智能设备必须具备的功能

智能设备是传统机器设备与计算机技术、数据处理技术、控制理论、传感器技术、网络通信技术、电力电子技术等相结合的产物。它主要包括两个方面的关键内容，如图 2-4 所示。

图 2-4　智能设备的关键内容

随着工业互联网的兴起，智能设备行业面临重大变革。下面就让我们来看一个智能设备在工业互联网体系中的应用案例。图2-5所示的是和利时数字车间系统集成架构。

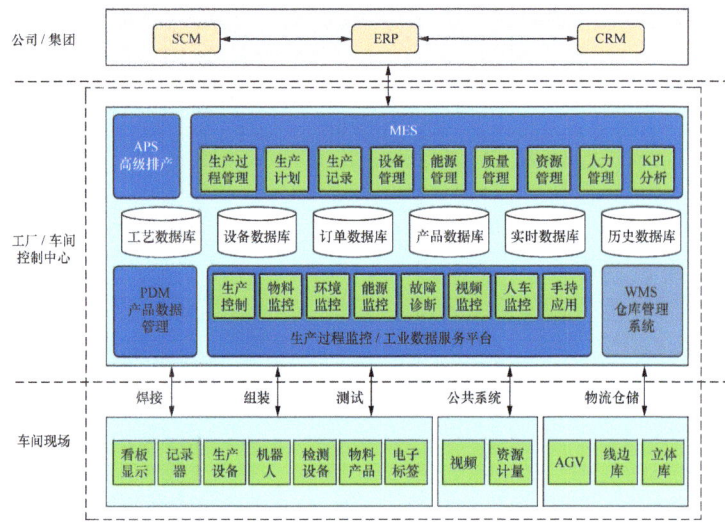

图 2-5　和利时数字车间系统集成架构

和利时公司始创于1993年，是自动化与信息技术解决方案提供商，主要从事自动控制系统产品的研发、制造和服务。和利时公司的核心业务如图2-6所示。

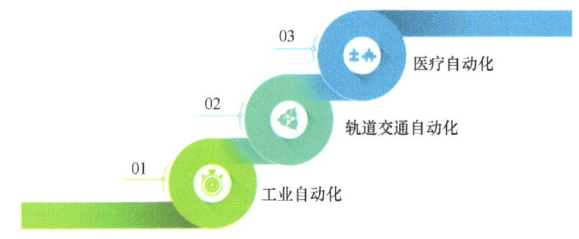

图 2-6　和利时公司的核心业务

和利时公司在促进产业升级的过程中，提供从智能控制器、智能化装备、自动化生产线到生产监控系统、工厂管理系统、企业决策分析系统的全套智能制造解决方案。

"可编程控制器制造数字化车间"就是由和利时公司自主完成总体规划、设计与实施的一个工业互联网项目，它实现了工厂、产品线全生命周期内的协同智能制造。

和利时公司的智能制造是一个纵向集成系统，主要分为3层，如图2-7所示。和利时公司集成系统的内容如图2-8所示。PLC自动化柔性生产线的主要内容如图2-9所示。

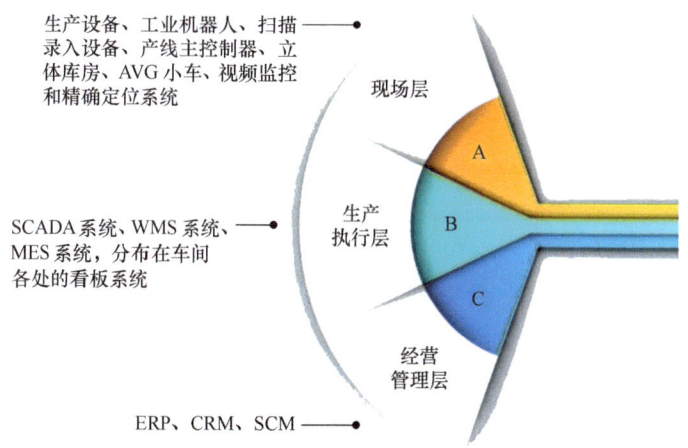

图2-7　和利时公司集成系统的分层

图 2-8　和利时公司集成系统的内容

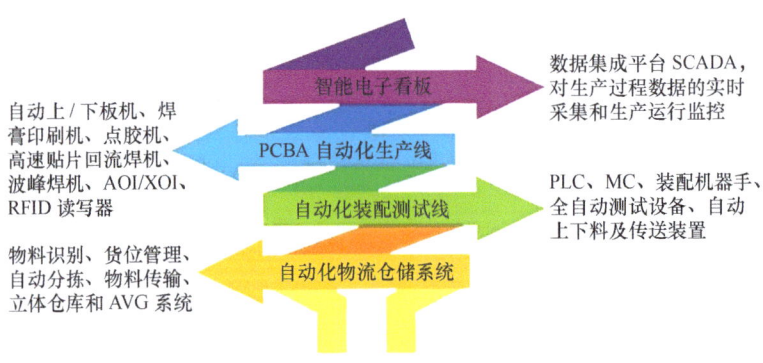

图 2-9　PLC 自动化柔性生产线的主要内容

和利时公司的可编程逻辑控制器（Programmable Logic Controller，PLC）制造数字车间项目是一个集数据采集与监控、生产调度、生产排产、生产监控、产品生命周期管理、能源管理、库存管理、视频监控、人员管理等功能于一体的信息化、智能化系统。其中对智能电子看板、PCBA自动化生产线、自动化装配测试线等智能设备的广泛应用成为整个系统智能化的基础，体现了工业互联网在应用层级的重要特征。

对智能设备的广泛应用是工业互联网革命迈出的第一步，这些智能设备是工业互联网兴起的一个必要条件。同时，理解智能设备产生的大量数据是工业互联网实施的另一个关键。工业互联网可以被想象成数据流、软件流、硬件流和信息流及其交互。

智能信息还可以在机器、网络、个人或集体之间共享，便于进行智能协同并做出更好的决策。同时，智能信息可以反馈回原始机器，使机器获得"学习"的经验，从而通过机器上的控制系统，使其表现得更加智能。

每个智能设备都会产生大量数据，通过工业互联网传输到远程控制系统中。这些数据流将使操作人员更好地理解智能设备的运行信息和条件，从而更好地发挥智能设备的效用。这就是智能设备在工业互联网环境下的应用方式。

智能系统

相较于智能设备的实际存在，智能系统可能更加抽象。从概念上来看，智能系统是针对某个方面的应用的智能集合，主要内容如图2-10所示。随着信息技术的不断发展，智能系统的技术含量及其复杂程度也越来越高。

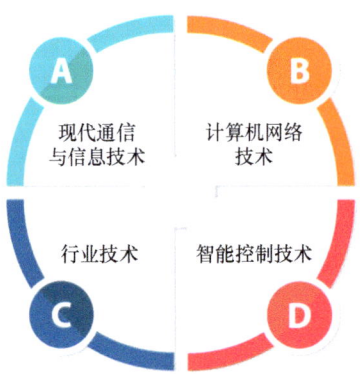

图 2-10 智能系统的内容集成

我们仍然以和利时公司的 PLC 制造数字车间项目为例，来对智能系统进行讲解。

和利时公司通过 ERP、MES、仓库管理系统（Warehouse Management System，WMS）、自动引导运输车（Automated Guided Vechicle，AGV）、数据采集与监视控制（Supervisory Control And Data Acquisition，SCADA）、PLC/微控制器（Micro Controller，MC）间的无缝集成，运用信息技术对工厂中的各类对象进行建模，采用先进的通信方式和协议实现对象间的互联互通，建设起全互联的工厂智能系统。这样的智能系统实现了优化制造过程中的信息传递，有效管控订单、物料清单（Bill of Material，BOM）、生产设备、仓储、元器件、在制品和生产过程，使生产计划、执行和控制形成闭环，从而提升了生产的智能化和柔性化。和利时数字车间全互联架构示意如图 2-11 所示。

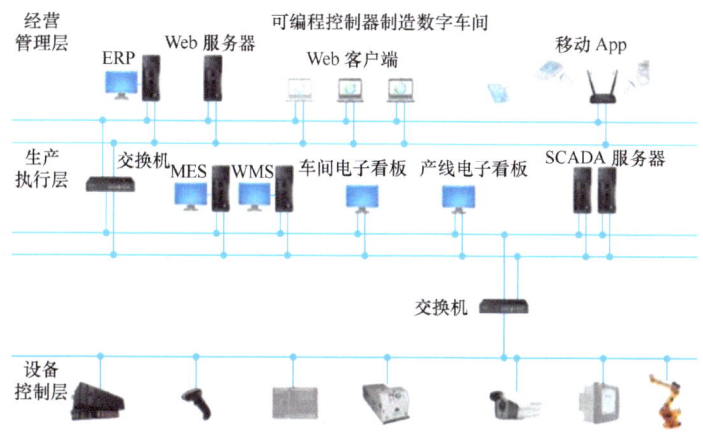

图 2-11 和利时数字车间全互联架构示意

同时，智能系统还实现了全自动化 PLC 生产和全制造流程信息集成，有效减少了元器件和产成品的库存，提高了 PLC 的产量和质量，降低了制造成本，实现了多批次、小批量及用户定制化生产。和利时公司的智能系统的应用主要表现在以下 5 个方面，如图 2-12 所示。

图 2-12 和利时公司的智能系统的应用

智能系统被和利时公司定义为安全、可靠、开放的工业智能系统平台，支持异构系统集成，可以将各种不同的设备、软件和人无缝集成一个协同工作的系统，实现互联互通和互操作，系统主要包括以下 8 个组件，如图 2-13 所示。

图 2-13　和利时公司智能系统的组件

常规的工业化系统在工业控制领域将传统的角色定位为数据的采集与监控、提供开放协议与第三方系统互联、数据存储和分布式计算等。但是随着互联网等新技术的飞速发展，工业互联网智能系统不再局限于做数据的提供者，其与全球广域网（World Wide Web，WWW）、地理信息系统（Geographic Information System，GIS）、大数据、智能技术、云计算、移动应用、增强现实、物联网等技术结合，构建出更加智能的生产支持与决策支持平台。

和利时公司的智能系统不仅支持生产过程中的实时数据、报警、事件和历史数据,还扩展了对产品数据、设备数据、设计数据、地理位置数据、音视频多媒体数据的支持,实现了与多种子系统的集成融合。系统提供快速二次开发功能,支持特定行业的应用功能定制开发;支持 C/S 和 B/S 方式的个人计算机(Personal Computer,PC)、移动设备、看板、大屏幕等多种图形化的展示方式,可以实现在异构环境下的协同制造、生产监控、生产调度和生产管理,适合制造业智能工厂和数字化车间的自动化集成应用。

从上面的案例中我们不难看到,工业互联网模型下的智能系统包括许多传统的网络化系统,同时也包括在智能设备与网络间广泛部署且内置软件的机械装置的组合,工业互联网里的智能系统有以下 4 种不同的形式,如图 2-14 所示。

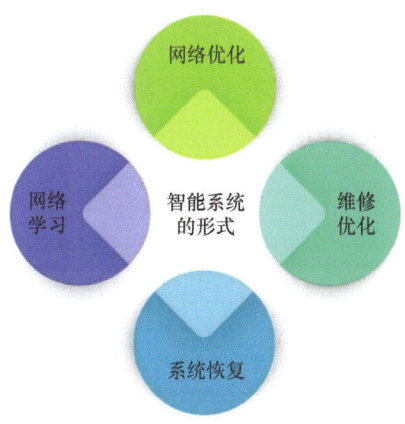

图 2-14 智能系统的形式

⊙ 网络优化

网络优化指的是智能系统中的互联设备可以协同运行,实现网络级的运行效率。智能系统还可以在运输网络中进行路线优化,互联设备(如车辆)会知晓它们自己的位置和目的地,而且系统中其他运行中的设备也会收到提醒,从而实现路线优化,找到最高效的系统级解决方案。

⊙ 维修优化

维修优化指的是智能系统可以促进机器设备进行最优的低成本机器维修。跨机器、组件和单个零件的总视图提供这些设备状态的可视化信息,以便在正确的时间和正确的地点运送最适当的零件,这就降低了零件的库存要求和维修成本,提升了机器的可靠性。智能系统维修优化可以与网络学习和主动分析相结合,让操作人员实施预先维修程序。

⊙ 系统恢复

系统恢复指的是智能系统建立系统范围的智能信息库,可以在遭受冲击后快速、高效地辅助系统恢复。例如,在发生自然灾害时,智能仪表、传感器以及其他智能设备与系统可用于快速探测并隔离主要问题。地理信息和运行信息可以结合起来支持恢复工作。

⊙ 网络学习

网络学习是智能系统中机器互联的另一个好处。每台机器的运行经验可以集合到单个信息系统中,加速各台机器的学习。例如,从飞机上收集的带有位置和飞行历史的数据可以提供各种环境下飞机性能的大量信息。数据挖掘结论可以用于让整个系统变得更智能,从而推动知识积累和结论实施持续进行。

简单来讲,如果说智能设备是工业互联网中的智慧终端,那么智能系统就相当于工业互联网里的智能大脑,通过智能系统来控制智能设备,收集数据,进行分析,实施决策,从而实现让工业互联网激发生产力,让世界更美好、更快速、更安全、更清洁、更经济的目标。

智能决策

智能机器的第三个显著特征就是智能决策。决策就是在无限需求(目标、任务)和有限资源中实施的配置。工业互联网可以被看作数据、硬件、软件和智能的流通与互动。智能决策的4个流程如图2-15所示。

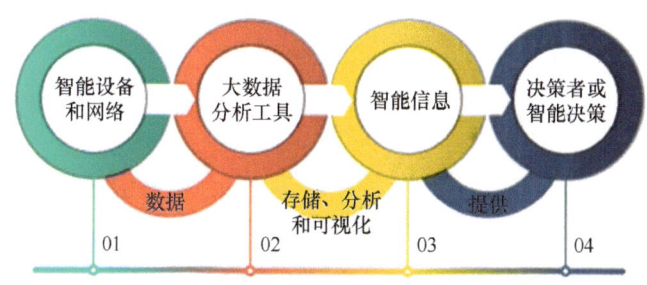

图2-15　智能决策的4个流程

一个工业互联网系统的决策执行系统:高层次的决策依据企业

高层次的目标配置高层次的资源，次一层的决策则依据相应的子目标配置子资源，依此类推。当确定的目标和确定的资源成为确定的配置关系并无法再分割的时候，系统则进入执行层。在此之上的都属于决策层。当然，在工业互联网的背景下，我们所说的智能决策目前看来大部分属于"执行层的智能决策"。

执行层所面临的决策有很多。例如，工人得到指令开一个模具。过去，工人根据工艺需求和经验在数控机床加工模具，先做什么，后做什么，用什么刀具，设定转速，等等，这些都需要通过人的智能决策来实现。而把产品交给"智能"的机器后，把数字化产品定义、人的知识和经验输入机器，机器的系统将按照指令自动加工，甚至这个系统可以优化加工路径，以达到省时省力的目的，这其实就是智能决策的一种表现。

在执行层，所有的决策都是在明确的目标和确定的资源下做出的。在执行层的局部范围内，系统边界清楚，系统环境简单，开放性有限，属于简单系统的确定性问题。也正因为如此，一个高度"智能"的设备资源，其执行决策才可能"自主决策"并"精准执行"。

一个家电装配生产无人车间就是一条由机器人、AGV 等组成的全自动化生产线，可视为自动化程度很高的一台设备。它按照严格的流程和明确的规则去执行既定的明确的生产指令。"个性化定制"实际上是按指令装配，就是机械手在已经备好的线边库存抓取不同的零部件，组装成不同规格的产品。当然，无人车间的智能决策可以被看作"弱智能决策"。

那么"强智能决策"在哪里？很显然，答案是在工业互联网体系的决策层。工业互联网的威力正是通过"强智能决策"来实现的。在决策层做出智能决策时，从智能设备和系统中收集足够的信息并促进由数据驱动的学习，使部分机器和网络级运行职能从操作人员那里转移到可靠的数字系统中，从而实现"强智能决策"。

智能决策是工业互联网的长期愿景，它是工业互联网的元素在按照设备、系统组合的过程中所收集知识的顶点。

智能机器的3个要素之间存在着依次递进的关系，将它们相互串联起来的就是智能信息。智能机器的三要素机器运转原理如图2-16所示。

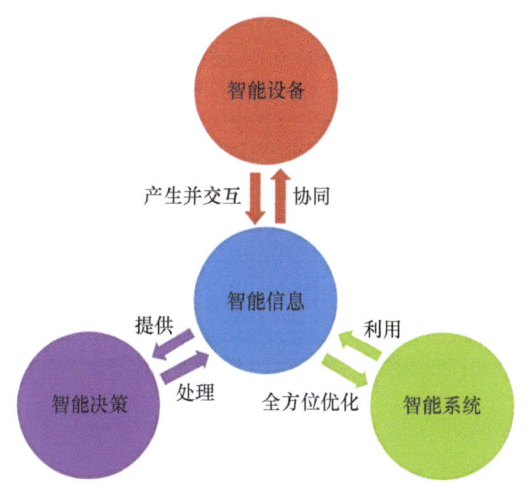

图2-16　智能机器的三要素机器运转原理

工业大数据

工业互联网的另一大核心要素是大数据。如今提到大数据已经没有人会感觉陌生了,因为大数据的应用正在变得越来越广泛。简言之,大数据是新资源、新技术、新理念的集合,如图 2-17 所示。

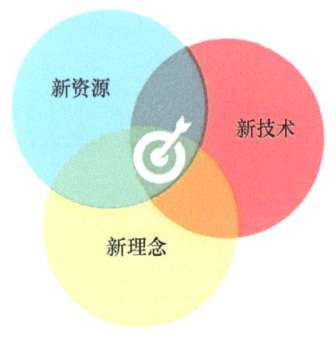

图 2-17 大数据是 3 个方面的集合

从资源的角度看,互联网企业对数据的挖掘利用大获成功,引发全世界开始重新审视"数据"的价值,开始把数据当作一种独特的战略资源对待。同时,大数据也代表了新一代的数据管理与分析技术。与传统的数据库技术相比,大数据是源于互联网的,面向多源异构数据、超大规模数据集(PB 量级)的,以分布式架构为主的新一代的数据管理技术。它在大幅提高数据处理效率的同时,降低了数据应用成本。

而工业互联网正是数字技术和物理技术、大数据与大机器的融合。

"工业大数据"概念框

工业互联网的体系对应的是"工业大数据"。工业大数据是指在工业领域中,围绕典型智能制造模式,从客户需求到销售、订单、计划、研发、设计、工艺、制造、采购、供应、库存、发货和交付、售后服务、运维、报废或回收再制造等整个产品全生命周期各个环节所产生的各类数据及相关技术和应用的总称。它以产品数据为核心,极大地延展了传统工业数据的范围,同时还包括工业大数据的相关技术和应用。

我们所谈的工业大数据,不完全等同于在企业信息化软件中流动的数据。它的主要来源如图 2-18 所示。工业大数据的特征如图 2-19 所示。

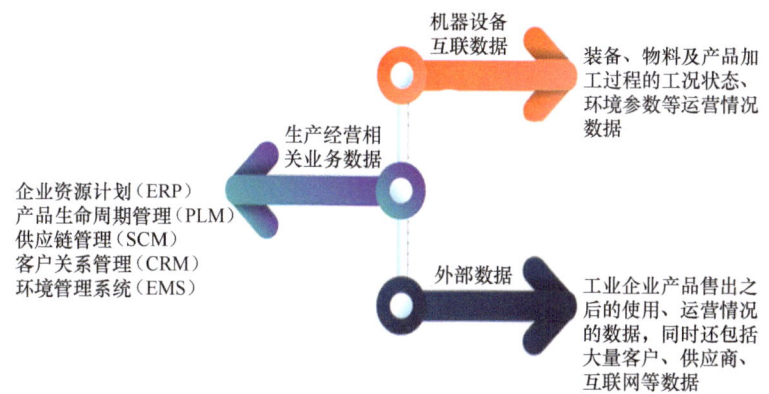

图 2-18 工业大数据的主要来源

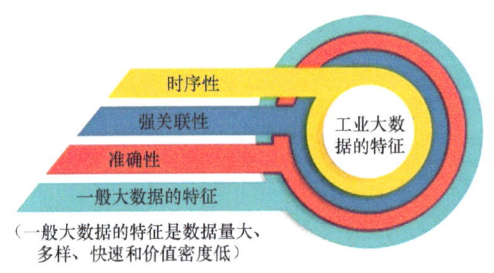

图 2-19　工业大数据的特征

数据的大小取决于所考虑的数据的价值和潜在的信息，工业大数据的体量比较大，大量机器设备的高频数据和互联网数据持续涌入，大型工业企业的数据集将达到 PB 级别甚至 EB 级别。工业大数据的来源如图 2-20 所示。工业大数据的结构类型如图 2-21 所示。

图 2-20　工业大数据的来源

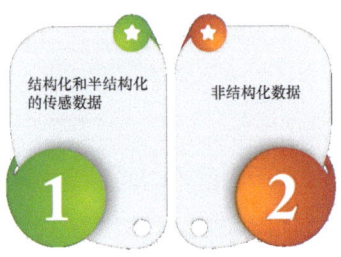

图 2-21　工业大数据的结构类型

工业大数据的处理速度需求多样,生产现场级要求时限分析达到毫秒级,管理与决策应用需要支持交互式或批量数据分析。

工业大数据更强调用户价值驱动和数据本身的可用性,其智能制造新模式变革包括以下 4 个方面,如图 2-22 所示。工业大数据的强关联性包括两个方面,如图 2-23 所示。

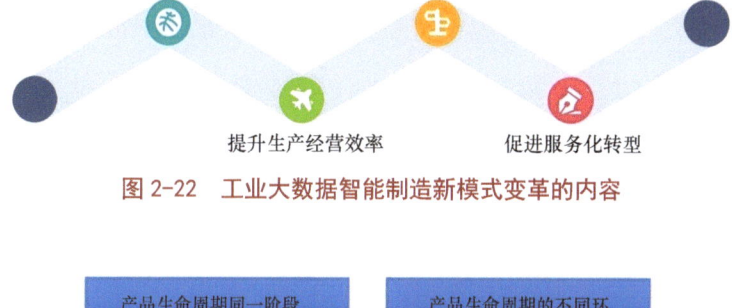

图 2-22　工业大数据智能制造新模式变革的内容

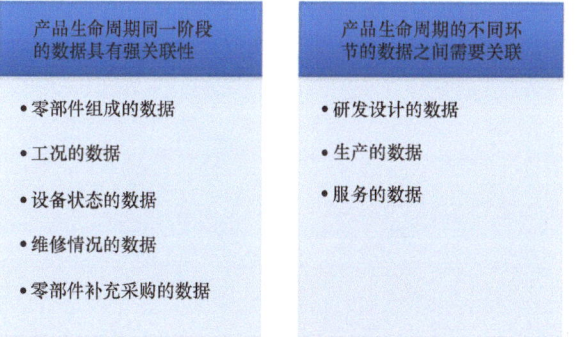

图 2-23　工业大数据的强关联性包括两个方面

工业大数据的真实性、完整性和可靠性更为重要,其中包括数据质量以及处理、分析技术、方法的可靠性等。工业大数据对数据分析的置信度要求较高,仅依靠统计相关性分析不足以支撑故障诊断、预测预警等工业应用，需要将物理模型与数据模型结合，挖掘因果关系。

工业大数据是大数据与智能制造的交叉点，工业大数据是指在工业产品全生命周期的信息化应用中产生的数据，它是工业互联网的核心，是工业智能化发展的关键。同时，工业大数据还是基于网络互联和大数据技术，贯穿于工业的设计、工艺、生产、管理、服务等环节，使工业系统具备描述、诊断、预测、决策、控制等智能化功能的模式和结果。

工业大数据与其他大数据相比，其结构化数据更多，相关性和实时性更强，也更易于分析。这是因为工业大数据普遍是由自动化设备在生产过程中产生的，其环境和操作受人为因素的影响较小，不会产生太多的不可控因素。工业大数据分析的侧重点如图2-24所示。

图2-24　工业大数据分析的侧重点

一般来讲，工业大数据可以在现象中提取的特征会涉及物理等学科的问题，有效的分析会比普通大数据涉及的知识领域更宽泛。

核心技术

由于自动化工业设备的不断增多，工业大数据产生的速度和数量都在暴涨。采集工业大数据需要注意的事项如图 2-25 所示。

图 2-25　采集工业大数据需要注意的事项

工业大数据的存储设施需要能够处理大量数据并且做到实时分析，以便迅速地为决策提供支持。为了提高速度，这就需要存储、管理和处理更加集成化。这对数据存储基础设施提出了较高的要求，需要在能够处理高速度、高数量的数据流的同时进行数据分析，这一步是工业大数据的核心和基础。

在工业互联网体系下，工业大数据的核心技术被称为信息物理系统（Cyber-Physical Systems，CPS）。信息物理系统是计算进程和物理进程之间无缝集成的系统。与传统操作技术明显不同的是，工业大数据需要从更广泛的角度进行决策，其核心部分在于设备状态。

信息物理系统的重点在于连接、转换、网络、认知与配置这 5

个方面。它包含了将来无处不在的环境感知、嵌入式计算、网络通信、网络控制等系统工程,注重计算资源与物理资源的紧密结合与协调,主要用于智能系统上,如设备互联、物联传感、智能家居、机器人、智能导航等。青岛海尔模具公司图例如图 2-26 所示。

图 2-26　青岛海尔模具公司图例

青岛海尔模具有限公司隶属于海尔集团,坐落在中国青岛,是中国最大的模具及检具制造商之一。海尔模具专业提供汽车类、家用电器、电子类,精密类产品模具,拥有世界先进的产品、模具设计、分析、加工软件以及各类德国和日本产的高速加工中心、火花机、线切割等专业设备。

按照海尔集团的模块化战略向"数字化""知识化"工厂转型,实现信息化与工业化的深度融合,达到精准高效生产目的,建设具有海尔特色的智能工厂成为海尔模具信息化建设的一个重要战略目标。

为此,海尔模具针对模具制造行业的特点,为其量身打造出国内领先的CPS。这个系统充分借鉴了美国GE工业互联网的先进理念，以生产设备为中心，以生产协同管理为主线，实现了信息和物理系统之间的深度融合，实现了企业生产数字化、智能化、少人化、高效化的目标，显著提升了企业的生产效率与市场竞争力，取得了良好的经济效益与社会效益。

通过CPS的实施，海尔模具在工业互联网建设上取得了长足的进步，建成了国内领先的智能工厂，并取得了显著的实施效果，如图2-27所示。

图2-27　海尔实施CPS取得的效果

首先，CPS实现了信息软件与生产设备的深度融合。CPS实施后，海尔模具所有的数控设备全部连入了分布式数控（Distributed

Numerid Control，DNC）网络，设备由以前的信息化孤岛变为信息化节点，所有的加工程序实现了安全的集中管理、严格的流程审批、高效的自动传输、可靠的加工仿真，并对设备进行了24小时实时监控，设备开关机、故障信息、生产件数、机床状态等信息均在第一时间及时获知，有效地减少了因信息不透明所增加的时间成本，实现了生产过程中信息最大程度的共享，生产过程中的生产准备情况、程序信息、机床状态、异常情况、生产进度等各类信息均实现了实时化、透明化、精益化管理。

其次，CPS中央监控中心以设备为中心，以生产为主线，实现了多部门的协作管理。将传统的模具加工的串行作业优化为并行作业，生产管理、计算机辅助设计（Computer Aided Design，CAD）/计算机辅助制造（Computer Aided Manufacturing，CAM）、工艺、计划、班组、质量、设备等部门紧紧围绕模具制造这一核心目标，全面实现了数字化的并行管理，最大限度地减少了因等待等因素造成的时间浪费，显著提升了生产效率。例如，系统支持以手机短信发送、邮件自动发送、客户端登录提示等交互方式，使班组长、操作工、设备维修组、电极准备室、刀具室的响应速度提高30%以上。

再次，CPS实现了基于大数据分析的决策支持。CPS实施后，企业管理者可以在办公室实时、直观地查看模具加工计划的准备情况、工序状态、在制品信息、任务生产进度、生产过程中设备的详细运行参数等信息，并通过系统的大数据分析功能，从海量数据中提取、分析出各种图形与报表，设备的各种数据、运行趋势、异常情况等一目了然，管理者的决策建立在真实、量化、透明、智能分析的基础上，从而可以很好地实现生产过程的科学管理。

CPS 的投入使用使企业的经济效益明显提升。例如，模具加工的准备时间从平均 1 小时缩短到平均 0.5 小时，缩短了 50% 的生产准备时间；编程部、计划科、各个线体实现了 90% 以上的信息共享，缩短了 50% 的沟通时间；实施系统后，操作工 1 人可以操作 5 台设备，用工数量减少 25% 以上；实现了 100% 的程序自动传输，程序调用错误率控制在万分之一以下，设备有效利用率（Overall Equipment Effectiveness，OEE）平均达到 75% 以上，OEE 已经远超国内企业 40% 的平均水平，也高于欧美发达国家 70% 的标准，逼近日本企业 80% 的最高水准……

CPS 帮助海尔模具建成了国内领先的智能工厂，企业实现了高效、少人的管理，实现了工业大数据的采集、分析与辅助决策，从而使企业取得了良好的经济效益。

在海尔模具的信息物理系统使用案例中，我们可以看到，信息物理系统作为工业大数据的核心技术，原数据可以传输并转换为可操作信息，通过利用分析洞察数据，最终产生辅助决策，改进流程，提升效率，进一步提高了生产力，降低了成本。

信息物理系统是工业互联网大数据技术应用的一个范本。那么在信息物理系统背后，实现其复杂多样化功能的大数据技术有哪些呢？

大数据技术包括以下 4 个方面，如图 2-28 所示。

图 2-28　大数据技术包括 4 个方面

⊙ 大数据采集技术

工业大数据最基础的工作当然是数据采集，没有数据，一切与大数据相关的技术、应用都是空中楼阁。工业大数据的类型如图 2-29 所示。

图 2-29　工业大数据的类型

例如，在 2020 年 1 月新冠肺炎疫情发生后，微链科技提出利用微链 DaoAI-ThermApp 机器视觉体温检测系统对人体红外辐射探测，从而在人进入设备监测范围后便可立即测得体温数据。这项技术已经广泛应用在机场、车站、医院等公共场所，在大规模人群同时进入系统的监测范围后，也可以同时测得所有人的体温数据。微链 DaoAI-ThermApp 机器视觉体温检测系统如图 2-30 所示。

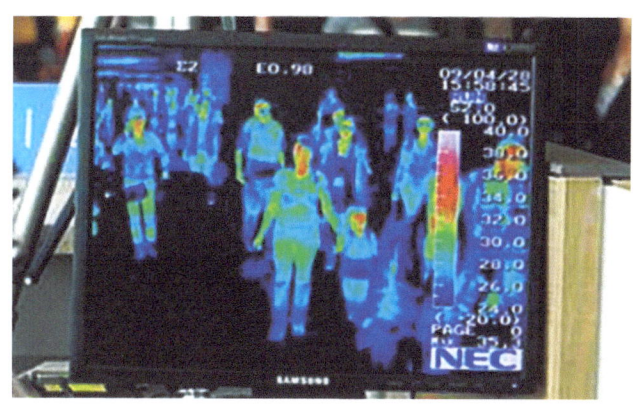

图 2-30　微链 DaoAI-ThermApp 机器视觉体温检测系统

对如此海量的工业数据进行采集，主要的难点包括以下 5 个方面，如图 2-31 所示。

正因为如此，工业互联网背景下对工业大数据的采集技术提出了更高的要求。

采集大量数据，频率提高到毫秒级的难度非常大  01 数据量巨大

工业数据的协议不标准 02  互联网数据采集协议与工业协议不同，导致在互联互通上会出现极大的难度

大量的视频文件通过互联网传输到云端，挑战巨大 03 视频传输所需的带宽巨大

对原有系统的采集难度大 04  原本没有数据接口、点表等基础设置数据，因此这部分数据的采集难度极大

通过云端调度工业核心生产能力，对安全的考虑不充分，一旦造成损失将很难弥补 05 安全保障系数低

图 2-31 采集海量工业数据的主要难点

⊙ 大数据处理技术

虽然数据采集本身会获得很多数据，但是如果要对这些海量数据进行有效的分析，还是需要将这些来自前端的数据导入一个集中的大型分布式数据库或者分布式存储集群中，并且必须在导入的基础上做一些简单的清洗和预处理工作。因为大量的工业数据是"脏"数据，直接存储将无法用于分析。因此，在存储之前，必须对海量数据进行处理，如图 2-32 所示。

⊙ 大数据存储及管理技术

大数据存储与管理是用存储器把采集到的数据存储起来，建立相应的数据库，并进行管理和调用。它包括分布式文件系统

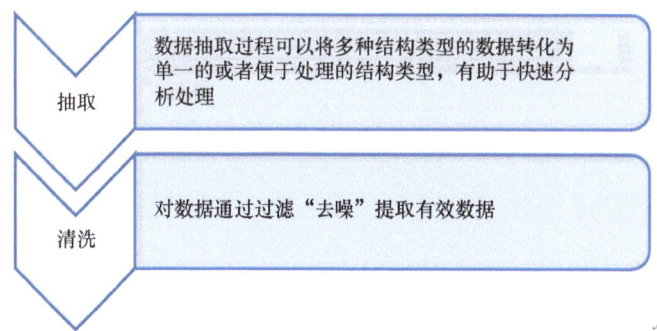

图 2-32 存储数据之前对海量数据进行处理

（Distributed File System，DFS）、能效优化的存储、计算融入存储、大数据的去冗余、高效低成本的大数据存储技术；突破分布式非关系型大数据管理与处理技术，异构数据的数据融合技术，数据组织技术，研究大数据建模技术；突破大数据索引技术；突破大数据移动、备份、复制等技术；开发大数据可视化技术等。大数据存储与管理所解决的问题如图 2-33 所示。

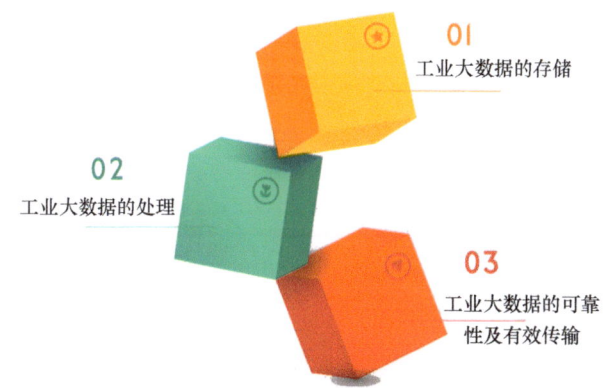

图 2-33 大数据存储与管理所解决的问题

⊙ 大数据挖掘技术

大数据挖掘是从大量的、不完全的、有噪声的、模糊的、随机的实际应用数据中，提取隐含在其中的、人们事先不知道的却是潜在有用的信息和知识的过程。大数据挖掘技术包括以下4个方面，如图2-34所示。

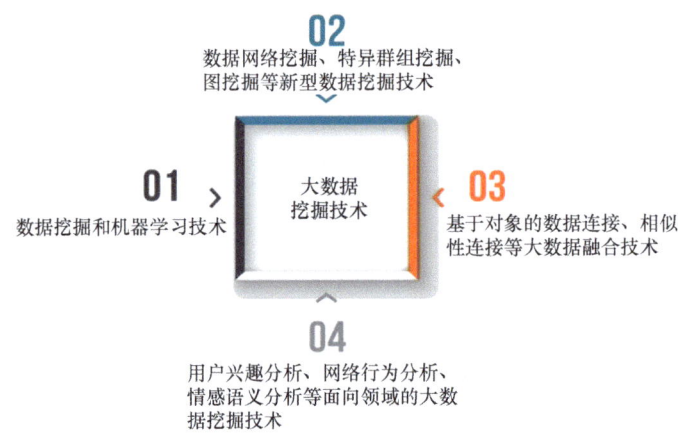

图2-34 大数据挖掘技术包括4个方面

数据挖掘涉及的技术方法有很多。例如，根据挖掘任务可分为分类或预测模型发现，数据总结、聚类、关联规则发现，序列模式发现，依赖关系或依赖模型发现，异常和趋势发现等；根据挖掘对象可分为关系数据库、面向对象数据库、空间数据库、时态数据库、文本数据源、多媒体数据库、异质数据库、遗产数据库、环球网Web等。大数据的挖掘方法如图2-35所示，工业大数据的挖掘步骤如图2-36所示。

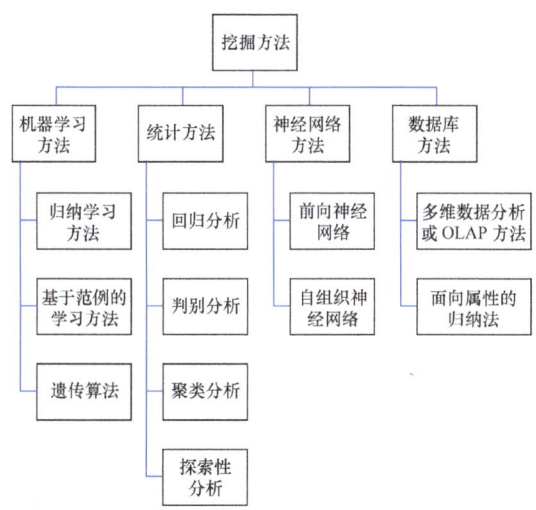

图 2-35　大数据的挖掘方法

图 2-36　工业大数据的挖掘步骤

数据挖掘一般没有预先设定好的主题，主要是在现有的数据上进行基于各种算法的计算，从而起到预测的效果，实现一些高级别数据分析的需求。这个过程的特点和挑战主要在于，用于挖掘的算法很复杂，并且计算所涉及的数据量和计算量都很大，常用数据挖掘算法都以单线程为主。

大数据分析

工业互联网的核心在于通过对大数据的分析来实现智能决策，从而提升生产效率。因此，大数据分析就成了数据处理中非常重要的一环。

几十年来，工业企业一直在通过历史记录、MES、ERP、企业资产管理系统（Enterprise Asset Management，EAM）等各种应用系统采集数据。在部分产业链环节，特别是在市场营销方面，大数据的储量尤为丰富。然而，这些存在于整个工业体系中的不同类型的数据，如今却还未被应用到分析中。这恰恰就是工业互联网要解决的问题。工业互联网体系里的大数据的主要来源如图2-37所示。

图2-37 工业互联网体系里的大数据的主要来源

通过行为轨迹数据与设备数据的结合，大数据可以实现对客户的分析和挖掘，它的应用场景包括实时核心交易、服务、后台服务等。

然而，通常我们认为的基于大量数据集生成的报表，或者基础统计的分析在工业互联网时代并不足以称为工业的大数据分析。工业体系里的数据结构概括起来分为两层：一是管理层，二是自动化层。我们要从经营管理、生产执行与控制3个维度来实现决策支持、管理、生产执行、过程控制以及设备的连接与传感。因此，在这里，工业互联网大数据分析指的是利用通用的数据模型，将管理层与自动化层的结构性系统数据与非结构性数据结合，进而通过先进的分析工具发现新的洞见。

工业互联网的大数据分析的应用有3个方向，如图2-38所示。

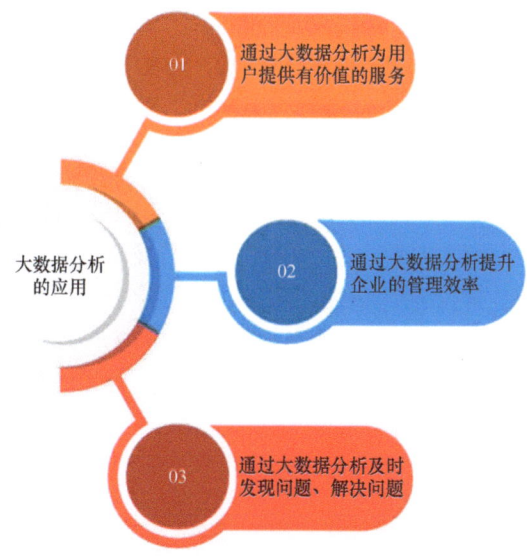

图2-38　工业互联网的大数据分析的应用

⊙ 通过大数据分析为用户提供有价值的服务

在工业大数据分析中，通过管理平台上的大数据分析，可以实现及时响应用户、软硬件系统定期巡检、提供应急备件、提供易耗品、完善应用等功能，从而持续地为用户提供有价值的服务。

下面以红领集团为例，对用大数据分析为用户提供有价值的服务进行介绍。

红领集团创建于1995年，是青岛市一家以生产经营高档西服、裤子、衬衣、休闲服及服饰系列产品为主的大型企业。红领集团图例如图2-39所示。

图2-39 红领集团图例

红领集团的核心竞争力正是大数据信息系统。在这个系统中，任何一项数据的变动都能驱动其余9000多项数据同步变动，真正做到从用户的个性化设计订单到生产过程的"零时差"连接。

红领集团走的是定制路线，它生产的每一件衣服从生成订单前就已经销售出去,并且每一件衣服都是由用户亲自设计的。这在成本上只比批量制造高10%,但收益却能达到批量制造的两倍以上。实现低成本、高定制化生产的背后是一套完整的大数据信息系统,任何一个用户一周内就能拿到定制的衣服,而传统模式下却需要3～6个月。

红领集团定制的第一步是用户数据的采集,最重要的数据是用户的量体。红领集团量体数据采集的方案如图2-40所示。

完成用户的数据采集之后,红领集团就会形成一个用户的数据档案,在未来用户进行新的定制化设计时可以直接使用以前的数据,如图2-40所示。

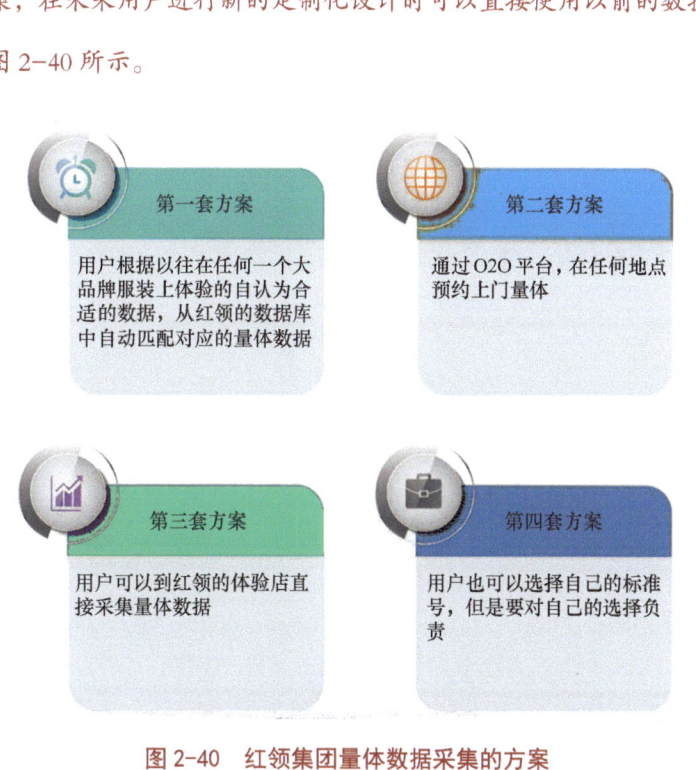

图2-40　红领集团量体数据采集的方案

除了量体数据的定制化，最大限度地满足西装的合身之外，用户还可以定制衣服的面料、图案、光泽、颜色，甚至是一些极其微小的细节。例如，纽扣的形状和排列方式、口袋的样式、里衬的走线纹路，甚至是添加一个水滴形的钢笔口袋，或是印上自己家族的徽章和名字。即使在如此复杂和高度定制化的情况下，红领集团依然可以确保在7天内为用户完成制作并发货。这其中的秘诀依然离不开数据：当用户在网上完成下单之后，这些定制化的设计被转变成数以万计的生产指令数据，并按照工序被记录在数十个磁卡中，形成了一件衣服在制作过程中的"身份证"。

在红领集团，一件定制化西服的生产流程可以被简单描述为：工厂的订单信息全程由数据驱动，在信息化处理的过程中没有人员参与，不需要人工转换与纸质传递，数据完全打通，实时共享传输。所有员工在各自的岗位上接收指令，依照指令进行定制化生产，员工真正实现了"在线"工作而非"在岗"工作。当一件正在制作中的西服到达一个工人面前时，员工可以从互联网云端获取这件西服的制作指令数据，按用户的要求操作，确保来自全球订单的数据传递零时差、零失误率，用互联网技术实现用户个性化需求与规模化生产制造的无缝对接。

⊙ 通过大数据分析提升企业管理效率

工业互联网还可以通过大数据分析，避免人凭借经验所带来的不确定性，提升管理效率。

下面以高圣公司为例，对通过大数据分析提升企业管理效率进行介绍。

高圣是一家生产带锯机床的公司，它成立于1976年，主要生产以锯床为主的各种金属加工设备。高圣公司产品图例如图2-41所示。

图2-41　高圣公司产品图例

高圣所生产的带锯机床产品主要用于对金属物料的粗加工切削。机床的核心部件是用来进行切削的带锯。在加工过程中，带锯会随着切削体积的增加而逐渐磨损，造成加工效率和质量的下降，在磨损到一定程度后就要进行更换。使用带锯机床的工厂往往要管理上百台机床，需要大量的工人时刻检查机床的加工状态和带锯的磨损情况，根据经验判断更换带锯的时间。带锯寿命的管理具有很大的不确定性，加工参数、工件材料、工件形状、润滑情况等一系列原因都会对带锯的磨耗速度产生影响，因此很难利用经验去预测带锯的使用寿命。切削质量也受到许多因素的影响，除了材料与加工参数的合理匹配之外，带锯的磨耗也是影响切削质量的重要因素。由于不同的加工任务对质量的要求不同，且对质量的影响要素无法实现透明化，因此在使用的过程中会保守地提前终止使用依然健康的带锯。

高圣意识到，使用带锯机床产品的工厂需要的并不是机床，而是机床所带来的切削能力，其核心是使用最少的费用，实现最优的切削质量。于是，高圣开始从机床的 PLC 控制器和外部传感器收集加工过程中的数据，并开发了带锯寿命衰退分析与预测算法模块，实现了带锯机床的智能化升级，这一切都旨在提升机床生产力的管理效率。

在加工过程中，智能带锯机床能够对产生的数据进行实时分析：首先识别当前的工件信息和工况参数，随后对振动信号和监控参数进行健康特征提取，依据工况状态对健康特征进行归一化处理后，将当前的健康特征映射到代表当前健康阶段的特征地图上的相应区域，从而将带锯的磨损状态进行量化和透明化。分析后的信息随后被存储到数据库内，建立带锯使用的全生命信息档案。这些信息被分为三类：第一类是工况类信息，它记录工件信息和加工参数；第二类是特征类信息，它记录从振动信号和控制器监控参数里提取的表征健康状态的特征值；第三类是状态类信息，它记录分析的健康状态结果、故障模式和质量参数。大量带锯的全生命信息档案形成了一个庞大的数据库，使用大数据分析的方法对其进行数据挖掘。例如，通过数据挖掘找到健康特征、工艺参数和加工质量之间的关系，建立不同健康状态下的动态最佳工艺参数模型，在保障加工质量的前提下延长带锯使用的寿命。

在实现锯机床"自省性"智能化升级的同时，高圣开发了智慧云服务平台，为使用机床的工厂提供定制化的机床健康与生产力管理服务。机床采集的状态信息被传到云端进行分析后，机床各个关键部件的健康状态、带锯衰退情况、加工参数匹配性、质量风险等信息都可以通过手机或电脑端的界面获得，每个机床的运行状态都变得透明化。同时，这个平台还能够实现生产计划的管理，根据生产任务的不同要求匹配合适的机床和能够达到要求的带锯，当带锯磨损到无法满足加工质量要求时，系统会自动提醒管理者去更换带锯，并从物料管理系统中自动补充一个带锯的订单。于是管理者的管理效率得到了大幅提升，并且避免了凭借人的经验进行管理所带来的不确定性。带锯的使用寿命也得以提升，同时质量也得到定量化和透明化管理。

⊙ 通过大数据分析及时发现问题、解决问题

工业互联网通过时间序列、图像、视频、机器学习、地理空间、预测模型、优化、模拟、统计过程控制等先进的分析工具与工业企业内的大数据平台结合分析，发现尚未显现的问题并及时提出解决方案。

一家位列世界500强的生活消费公司每年在纸尿裤市场占据超过100亿美元的市场份额，在纸尿裤的生产过程中，企业遇到了令人十分头痛的问题：在完成纸尿裤生产线从原材料到成品的全自动一体化升级后，生产线的生产速度得到了大幅提升，每秒能够生产近百米的纸尿裤成品。然而，新的生产线建成后，一直没有办法发挥最大的产

能，因为在高速生产的过程中，一旦某个工序出现错误，生产线就会报警并造成整条生产线的停机，随后由现场的工人将生产错误的部分切除后再重新让生产线运转。这样做的原因是一旦某片纸尿裤的生产发生问题，随后的所有产品都将受到影响，因此不得不将残次部分剔除后重新开机，但这种方法显然降低了生产效率。

为此，这家公司对纸尿裤生产线的监控和控制系统进行了升级，从控制器中采集了每个工序的控制信号和状态监控参数，从这些信号中寻找出现生产偏差时的数据特征，并利用大数据分析找到正常生产状态和偏差生产状态下的序列特征。随后用机器学习的方法记录下这些特征，建立判断生产状态正常和异常的健康评估模型。在利用历史数据进行模型评价的过程中，该健康模型能够识别出所有生产异常的样本并将 0～1 之间的数字作为当前状态下的即时动态监控目标。于是每个纸尿裤在生产过程中都会被赋予 1 个 0～1 的健康值，当系统识别出某个纸尿裤的生产出现异常时，生产系统将在维持原有生产速度的状态下自动将这个产品从生产线上分离出来，并且不会影响到其他产品的生产和整条生产线的运转。

这项技术后来被纸尿裤生产公司集成到了控制器当中，升级后的生产线实现了几近于零的停机时间，也使生产线实现了无人化操作，每年由于生产效率提升所带来的直接经济价值高达 4.5 亿美元。

大数据是工业互联网的命脉，对大数据的分析是工业互联网时代最重要的事情之一。

人机连接

在工业互联网的定义里有这样一句话:"工业互联网通过智能机器间的连接最终实现人机连接。"由此可见,实现人机连接是工业互联网的核心目标之一。

人机连接,顾名思义就是把人与机器设备连接在一起,其目的是实现人机交互。这里的"机"可以是各种各样的机器,也可以是计算机化的系统和软件。

人机交互新时代

随着互联网的发展,我们的世界已经在不知不觉中迈进了人机交互的新时代。人机交互是指人与计算机或机器设备之间使用某种对话语言,以一定的交互方式完成确定任务的人与计算机之间的信息交换过程。

在通常的理解里,人机交互主要是靠可输入/输出的外部设备和相应的软件来完成的。可供人机交互使用的设备主要有键盘、显示器、鼠标、各种模式识别设备等。与这些设备相应的软件就是操作系统支持人机交互功能的部分。人机交互部分的主要作用是控制有关设备的运行,并执行通过人机交互设备传来的相关命令和要求。早期的人机交互设施是键盘显示器。操作员通过键盘输入命令,操作系统接到命令后立即执行并将结果显示在显示器上。输入命令可以有不同的方式，但每条命令的解释是清楚的、唯一的。

随着计算机技术的发展，操作命令也越来越多，功能也越来越强。随着模式识别，如语音识别、汉字识别等输入设备的发展，人机交互的方式也变得多种多样，这也恰恰为工业互联网实现人机连接提供了技术上的支持。

下面以 GE 工业互联网人机连接为例，来对人机交互新时代进行介绍。

GE 总裁伊梅尔特曾经预言：所有企业和公司如果不能把软件作为其核心业务组成，都将被颠覆出局。于是在几年前，GE 就正式宣布将内部的所有数字职能都整合到"通用电气数字集团"（GE Digital），将软件和分析技术与该公司的工业产品整合到一起。GE 工业互联网人机连接图例如图 2-42 所示。

图 2-42　GE 工业互联网人机连接图例

虽然 GE Digital 的营业收入占比不过 GE 的 4%，但丝毫不影响 GE 认定这就是未来。正如西门子股份公司成立的数字化技术集团（Digital Factory）一样，GE Digital 也在确立自己在未来的主导地位，并深刻地影响着其他交通、能源、建筑等传统的优势工业部门。

GE 设立了首席数字官（Chief Data Officer，CDO）这样一个全新的角色，这也是 GE 工业互联网发展中的重要一环。首次担任 CDO 角色的是从思科空降到 GE 的鲁奇。

鲁奇加入 GE 一年之后，工业互联网正式向外公开。作为 CDO，鲁奇需要协助 GE 完成"数字主线"（Digital Thread），即 GE 下一步的制造系统，实现数据流的全整合和从设计到制造的全流程数字化。

作为 GE Digital 总裁，鲁奇做了一个探索，那就是 Predix 云平台。

作为连接机器、数据和人的重要平台，Predix 云平台可将各类数据按照统一的标准进行规范化梳理，为云计算和大数据技术提供随时调取和分析的平台，工程师可以在 Predix 云平台上按照自己企业的需求编写程序和应用，各取所需。各种分布式计算、大数据分析、资产管理、M2M 通信、移动性都可以叠加在上面。

Predix 云平台有时候会被拿来跟 iOS 和安卓操作系统相提并论。GE 希望在此为工业互联网建立工业生态系统，在此基础上，建立 App 应用商店，如面向工业应用的 GE Store。

很显然，Predix 云平台成为人、机、数据的最终交汇之地。

工业云的应用会给制造业带来灵活的编程和数据分析方式。这意味着会有大批程序员走进工厂，工业将变得软件化。通过 IT 信息技术和 OT 运营技术，借助 Predix 云平台的连接，工厂的资产管理、机器数据更加可控，Predix 云平台成为 GE 工业互联网真正的人机连接平台。

有了平台，GE如何实现人机连接呢？

GE的产品线非常庞大，覆盖能源、医疗、家庭、交通运输、金融等。光能源集团的旗下业务就覆盖了发电、水处理、能源服务、石油和天然气、可再生能源、检测控制等。而所有的这些业务，GE找到了一个共性，那就是"数据无处不在"，而且其价值被严重低估了。从这个角度出发，GE开始通过安装传感器来追踪获取数据。

GE的车队服务（Fleet Service）每天管理着超过26000辆的车辆资产，其中7.95亿美元资产通过260万个传感器产生；

GE采矿方案团队监控着来自世界各地每10分钟从50个网站传来的超过200000个信号；

GE的700台9E燃气轮机组在全球的运作累计超过2500万小时；

GE运输团队每年从13300台机车分析产生了146TB的数据……

终于，当所有的资产都配备传感器、能够定制数据流、记录硬件的表现，当所有这些数据都可以被导入平台分析并用来优化性能的时候，人们只需要在平台上进行交互，就能实现通过专业分析对机器进行适当优化的行为，这将使机器变得更加"智能"，从而将生产力提高到一个全新的水平。这就是GE所理解的"工业互联网"，机器、人、数据可以相连，借助行业知识和专家经验，通过工业数据的分析呈现全新的价值，让冷冰冰的金属机器设备可以跟大脑的智慧相互交融。

人机交互的本质是人把自己的优点和机器的长处结合在一起，从而实现最优效果。而未来的人机交互发展方向将是人机融合智能或人机混合智能,即把人的智慧和机器的智能结合在一起,而不仅仅是单一的人的智慧占据主导或智能机器占据主导。

工业互联网的人机交互方式

工业互联网的核心是解决人与机器的连接问题。这其中涉及工业大数据专业分析。与普通的数据分析不同,它涉及复杂的工业知识模型。

智能机器将现实世界中的机器、设备、机群和网络通过先进的传感器、控制器和软件应用程序连接起来;专业分析则是使用基于分析与预测的算法,结合各种关键学科的深厚专业知识来理解机器与大型系统的运作方式;而人员的连接也是关键的一步,即通过实时连接各种工作场所的人员,将人的决策性因素与设计、操作、维护以及服务相关联。工业互联网的人机交互方式如图2-43所示。

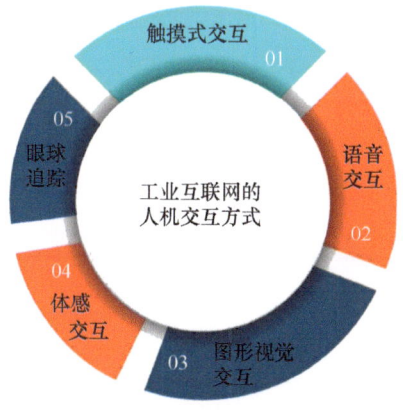

图2-43 工业互联网的人机交互方式

⊙ 触摸式交互

触摸式交互目前应用得非常广泛，随着触摸屏手机、触摸屏电脑、触摸屏相机、触摸屏电子广告牌等广泛应用，触摸屏与人们的距离越来越近。触摸屏由于其便捷、简单、自然、节省空间、反应速度快等优点，而被人们广泛接受，成为时下最便捷的人机交互工具之一。

目前正在被广泛应用的触摸交互方式属多点触摸技术。多点触控技术是一种新兴的人机交互技术，在同一个应用界面上，没有鼠标、键盘，而是通过人的手势、手指和其他外在物体直接与电脑进行交互，改变了人和信息之间的交互方式，实现多点、多用户同一时间直接与虚拟环境交互，增强了用户体验。

⊙ 语音交互

语音识别技术，也被称为自动语音识别，其目标是将人类的语音词汇转换为计算机可读取的内容，如按键、二进制编码、字符序列等。不可否认，语音识别是未来人机交互中最被看好的交互方式。尤其是针对当下的各种可穿戴式智能设备，通过对话的方式发出命令产生交互是高效可行的。

语音交互的优势很明显：简单、直接、零学习成本。在日常生活中，语言是人与人交流最常用、最直接的方式。自然语言对话式的交互，即使是老人和小孩也无须学习。用户可以"无感"地唤醒设备,"无缝"地获取信息、给予指令,毫无违和感。

⊙ 图形视觉交互

图形视觉交互,顾名思义就是通过视觉感知来实施交互。它的应用在制造业企业中已经出现。下面,以波音公司为生产线上的工人们配备谷歌眼镜为例,来对图形视觉交互进行介绍。

波音公司为生产线上的工人们大规模配备谷歌眼镜来完成飞机线束的组装。谷歌眼镜图例如图2-44所示。

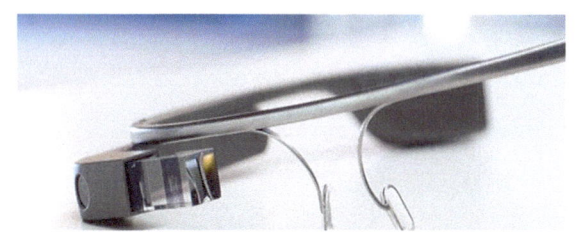

图2-44 谷歌眼镜图例

众所周知,客机机身内部的线束错综复杂,以往工人们需要拿着飞机内部结构指令手册或参照PDF图才能一步步地完成线束的组装和连接,工作流程冗杂繁琐,往往容易出错。而开始使用谷歌眼镜后,工人们就无须拿着手册和电脑在机舱中到处跑,谷歌眼镜可投射出各个部分的组装细节来协助工作。数据统计,用上谷歌眼镜后,波音工人组装线束的错误率降低了50%,时间缩短了25%。

其实波音在1995年就开始使用类似的增强现实(Augmented Reality)眼镜,但由于技术方面的限制,此类设备一直未能大规模普及。软件开发商 APX Labs 帮助波音开发了一款更高质量的智能眼镜应用，这款应用允许波音工作人员通过扫描一个二维码来启动无线线束软件，随后扫描另一个二维码来加载汇编指令。该应用支持谷歌语音指令，解放了工人的双手。与此同时，为更迅速地解决疑问，工人还可将自己遇到的问题拍成视频传给技术人员。

⊙ 体感交互

体感交互技术也被称为动作识别，亦称手势识别技术。体感交互技术让人们无须借助任何控制设备，可以直接使用肢体动作与数字设备和环境互动，轻而易举地操控数字设备。体感交互技术的核心价值在于它可以让计算机用更精准、有效的"眼睛"去观察这个世界，并根据人的动作来完成各种指令。

目前，通过人类用肢体语言进行机械设备操作正在成为现实，这类操作可以被统归为体感操作。国际空间站就在开发类似的技术，宇航员在空间站内部通过体感操作可以进行机械设备操作、维修等任务，从而降低工作的危险程度。

现代工业体系是由工业设备、化学制品等行业构成的。在以上工业生产中，人们不可避免地会遇到一些危险状况。例如炼钢时，受限于自动化技术，生产车间还是需要部分技术工人进行劳作，而钢水在运输过程中并不是万无一失的。采用体感技术，就可以解决生产设备自动化、智能化程度低的难题。经过培训及生产线改造后，技术工人通过在控制室做出相应的动作，就可以对高危生产进行操作，避免人力直接接触此类危险物品。在这类设备中，人力因素的重要性再次被放大，人与自动化技术的融合也进一步增强。

◉ 眼球追踪

眼球追踪主要是研究眼球运动信息的获取、建模和模拟。眼球追踪的主要方式如图 2-45 所示。

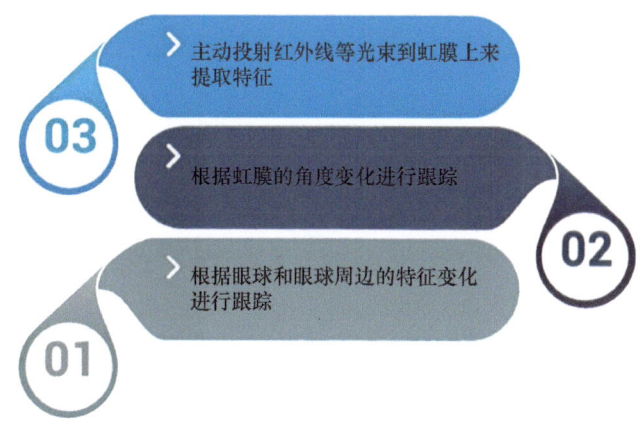

图 2-45　眼球追踪的主要方式

眼球追踪技术的发展由来已久，应用的场景十分广泛。在心理学实验中，可以通过人的瞳孔变化来监测一个人是否在说谎；在广告效果监测方面，可以通过人眼注视点的移动来判断人的偏好；而在人机交互方面，眼睛可以取代键盘、鼠标和触屏，例如，一些手机可以在人眼离开时暂停视频播放……

在工业领域，眼球追踪技术能够帮助操作人员了解机械铸造过程中原本由于眼睛受到影响而无法进行的技术判断。例如，当工人在熔融金属的时候，很难近距离去观察具体任务操作是如何被执行的，而利用视觉追踪技术则可以很好地解决这个问题。不仅如此，眼球追踪技术还提供了全新的视角，可以帮助初级工人去深入了解工作流程，并向熟练工人学习技能。例如，通过关注眼球追踪数据，能够让初级工人充分了解熟练工人是如何执行每一步操作的。事实上，这些熟练工人的很多操作都像是他们凭直觉完成的，因此很难向初级工人表达清楚，但是利用眼球追踪技术则可以很好地解决这个问题。此外，眼球追踪技术还能在错误发生之前快速识别工作状况，避免一些对工作效率产生负面影响的事故发生。

人机交互的科学研究还在不断深入的过程中。美国《科学·机器人学》杂志曾发文介绍国外某高校科研团队开发出一种可与大脑无创连接的脑机接口，能让人用意念控制机器臂连续、快速运动。它所依靠的原理是当人类思考时，大脑运动皮层中的神经元会产生微小的电流，不同的思考活动所激活的神经元也不同。科学家通过传感器收集电流，再使用信号处理和机器学习技术等，就可以将使用者头脑中的意念转化为机器臂的实际运动。

马斯克著名的脑机接口研究公司 Neuralink 曾发布了"脑后插管"新技术。具体来说就是通过一台神经手术机器人，像微创眼科手术一样安全无痛地在脑袋上穿孔，向大脑内快速植入芯片，然后通过 USB-C 接口直接读取大脑信号，并可以用 iPhone 控制。

不过，总体来说，当前脑机接口信息传输效率仍有待进一步提高，移动式脑机接口平台尚无法真正走出实验室服务人类。

第三章 网络体系架构

工业互联网的核心是基于全面互联形成数据驱动的智慧,而全面互联依靠的是网络,正因为如此,从工业互联网发展的角度出发,必须首先构建基于网络的闭环。

"网络"是工业系统互联和工业数据传输交换的支撑基础，随着智能制造的发展，工厂内部数字化、网络化、智能化及其与外部数据交换的需求逐步增加，工业互联网呈现互联需求的发展，促使工厂网络发生新的变革，形成工业互联网的整体网络架构。

工业互联网整体网络架构的内容如图3-1所示，其表现为通过连接在互联网络上的基础设施、健全适用的标识解析体系、集中通用的应用支撑体系，实现信息数据在生产系统各单元之间、生产系统与商业系统各主体之间的无缝传递，从而构建新型的机器通信、设备有线与无线连接方式，支撑形成实时感知、协同交互的生产模式。

图3-1　工业互联网整体网络架构的内容

网络互联体系

网络互联体系，即以工厂网络国际互联协议（Internet Protocol，IP）化改造为基础的工业网络体系，它包括工厂内部网络和工厂外部网络"两大网络"。

⊙ 工厂内部网络

工厂内部网络图例如图3-2所示。

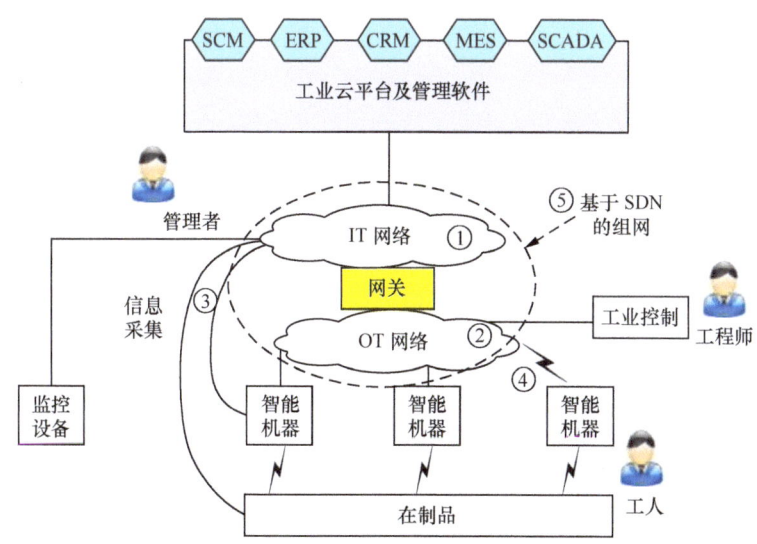

图3-2　工厂内部网络图例

工业互联网场景下的工厂内部网络包括5个主要环节，如图3-3所示。

图 3-3　工业互联网场景下工厂内部网的主要环节

工厂信息技术（Information Technology，IT）网络很容易理解，它是工厂内部的信息技术网络体系；工厂运营技术（Operational Technology，OT）网络指的是工厂内部的自动化控制系统网络体系。IT 由管理业务数据、支撑管理流程的技术、系统和应用程序组成，这些管理的应用程序包括 ERP、MES、EAM、WMS 等；而 OT 则由管理生产资产、保持顺畅运营的技术、系统和应用程序组成。

以前，IT 与 OT 鲜少交集。但进入工业互联网时代后，通过物联网、大数据与云端智能，IT 与 OT 两者终能展开对话，先由 OT 领域的传感器获取数据，再由上传 IT 领域的云端中心执行大数据分析，繁衍各种创新应用，特别是互联网企业、数字化概念被频繁提及，IT 与 OT 融合成为工业企业内部网络体系构建的关键所在。GE

就在 2018 年的报告中指出：数字转型的真正主战场，恰恰是发生在 IT 和 OT 交界的地方。

搭建 IT 网络与 OT 网络的好处在于通过整合信息技术和自动化技术，工厂能够提高绩效和产量，优化企业层面的决策，使企业的总体业务目标与运营区域更好地保持一致，增加政策监管和环境保护的及时通报与安全规范的达标，通过提高效率、优化操作流程、资产维护和现场劳动力管理来降低成本。它还能够帮助企业采集、分析数据，并将数据转化为可指导行动的信息，从而创造切实的业务成果，提高生产过程的安全性、可预测性和可持续性。

直达智能机器和在制品的连接使智能机器、传感器、在制品等生产现场的设备、物品实现与 IT 网络的直达连接，从而实现对生产现场的实时数据采集。

泛在无线连接使在制品、传感器、运送设备等通过各类无线技术实现连接。

基于软件定义网络（Software Defined Network，SDN）的 IT/OT 组网方案是 IT 网络和 OT 网络采用 SDN 技术，实现控制平面与转发平面的分离，通过 SDN 控制器与制造控制系统（如 MES 等）协同进行网络资源调度，支撑柔性制造和生产自组织。

下面以广东劲胜智能集团为例，来介绍网络互联体系。

广东劲胜智能集团股份有限公司成立于 2003 年。为全面推进公司转型升级，落实智能制造战略，公司构建集高端数控机床、国产机器人、自动化设备、国产系统软件等于一体的智能制造产品和服务体系，逐步向智能工厂系统集成方面转型。广东劲胜智能集团精密智能制造车间如图 3-4 所示。

图 3-4　广东劲胜智能集团精密智能制造车间

劲胜的信息化建设于 2003 年开始，为了与公司的发展战略保持一致，并支持高效的业务运营，公司对信息化建设进行了系统规划；以全面实现无纸化、自动化办公为切入点，同步进行机房、网络、服务器及硬件的建设。软件系统以 ERP、PLM、WMS、SCM、MES、EHR、OA 等为主服务平台，辅以 OA 为主要信息传递平台，为公司快速获取、分析和分享各种信息提供了便捷高效的手段。

一方面，劲胜智能构建的信息管理系统，对信息源进行识别与开发，建立了由 ERP、PLM、WMS、SCM、MES、EHR、OA 等应用系统组成的信息收集、整合、分析和共享的 IT 平台，配置了先进的硬件设施，组建了以光纤为主干，覆盖所有部门及事业部的内部局域网。同时，依据公司发展战略，制定了信息建设规划，为物流、生产、营销、人事、财务、办公等企业主要业务领域提供信息支持，为此公司建立了产品数据库，通过公司局域网、互联网、企业网站、ERP 系统及 OA 系统保证信息传递的及时性，同时保证及时了解国际相关行业技术发展的最新信息。这一系列的动作使公司拥有了一个高效的覆盖整个公司的信息网络，完善了从微机、工作站到小型机的配置，拥有专用信息数据库。

信息化建设为公司获取、传递、分析、发布数据和信息提供了强有力的支撑平台，带动了管理提升，提高了管理效率。

另一方面，劲胜智能还建设了 3C 产品组装柔性加工数字化车间，它由柔性制造系统、车间信息化管理系统两个智能单元组成。其中，柔性制造系统采用创群机械开发的自动贴辅料线、在线螺母机、CCD 在线贴标机、在线冷/热压机、自动下料机械手、自动上料机械手、在线贴保护模机、在线 CCD 检测分拣等设备，通过劲胜智能自建的一套基于机台管理的车间信息化管理系统，实现计划分解、加工过程监控、设备状况监控等。通过超高速局域网，解决了传统局域网无法满足的需求，实现了智能机器在制品、传感器、工业控制系统、智能物流等无线连接的数据传送问题，实现了基于自动化组装的实时制造数据集成，实现了全制造过程数据的透明化和一致性；建立了适合 3C 行业产品组装的智能化制造系统，改善了生产效率，提高了产品质量，降低了制造成本。

⊙ 工厂外部网络

工厂外部网络主要是指以支撑工业全生命周期各项活动为目的，用于连接企业上下游之间、企业与智能产品、企业与用户之间的网络。

目前，大量工业企业已经与公众互联网之间实现了互联，但互联网为工业生产带来的价值仍然比较有限。从互联形式上看，工厂的生产流程和企业管理流程仍封闭在工厂内部；从公众互联网的角度看，工厂内部仍然是一个"黑盒"；从应用形式上看，工厂与互联网的结合主要是在产品销售、供应链管理等环节，互联网在工业生产全生命周期中的资源优化配置作用并未充分体现。

工业互联网所要求的工厂外部网络是在公众网络中为企业生成独立的网络平面，并可对带宽、服务质量等进行灵活快速定制。这类业务场景需要独立的网络资源控制能力、开放的网络可编程能力，以及定制化的网络资源（如带宽、服务质量等）。以 IPv4 公众互联网为主体的工厂外部网络存在的主要问题如图 3-5 所示。

随着工业互联网背景下工厂与公众网络的互联需求不断增强和扩展，新型互联的出现对现有公众网络不断提出新的要求，如图 3-6 所示。

图 3-5 以 IPv4 公众互联网为主体的工厂外部网络存在的主要问题

图 3-6 工厂与公众网络互联的要求

鉴于此，工业互联网场景下工厂外部网络包括 4 个主要环节，如图 3-7 所示。

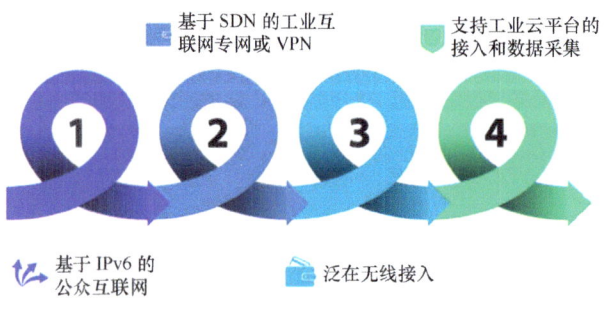

图 3-7　工业互联网场景下工厂外部网络的 4 个主要环节

地址与标识解析体系

地址与标识解析体系，即由网络地址资源、标识、解析系统构成的关键基础资源体系。地址与标识解析是工业互联网网络体系中承上启下的关键部分。互联网域名解析体系，对象是网络站点，而工业互联网解析体系，对象是机器、产品等物理实体对象和算法、工艺等虚拟制造资源。它的功能是根据标识查询网络位置，从而实现人与物、物与物之间的通信寻址，或者直接查询物的相关信息。

从纵向上看，标识通过基层的射频识别（Radio Frequency Identification，RFID）达到一定的规模时，可以实现不同信息系统之间的信息共享，最后实现类似智能化生产这样典型的工业互联网应用。从横向上看，供应链系统管理、网络化协同，甚至是端到端的集成，被标识在不同的场景中都有不同的作用。

下面以徐工集团的智能供应链管理为例，来介绍地址与标识解析体系。徐工集团智能供应链管理图例如图3-8所示。

图3-8　徐工集团智能供应链管理图例

徐工集团联合工业和信息化部电子科学技术情报研究所在全球范围内首次将Handle标识解析技术应用于机械制造业领域，利用信息技术与管理方法优化供应链结构，重点打造并持续提升供应链环节的五大能力：数据集成能力、信息共享能力、风险管控能力、成本控制能力、专业服务能力。借助该平台，可解决或缓解传统供应链管理模式下存在的成本控制、可视化、编码规则、业务协同、产品信息追溯等问题。

传统供应链解决方案强调发挥个体效率优势，未统筹协同需求，并且单向、线性数据的流动方式难以实现覆盖全局的按需协同。借助分布式数据架构的Handle标识解析技术能低成本、高效率地实现跨主体供应链的信息采集与信息关联，并为不同的用户组（整机制造商、物流商、经销商或用户、维护服务商）提供不同的授权解析机制，提供指定信息实时共享增值服务。例如，市场服务人员可以通过扫描整机二维码获取授权，并解析出该整机产品及相关核心零部件的信息，还可以根据零部件的批次信息解析出同批次的零部件装配在哪些整机产品上，从而实现敏捷的质量追溯管理。

基于 Handle 标识解析技术的自主解析服务，徐工集团可以轻松获得任何核心零部件在供应商本地、在途运输、徐州待配（第三方仓储地点）等不同地点的库存数据，通过数据的解析集成生成可视化库存报表。"管理＋技术"双管齐下，合理管控供应商的生产节奏，提高零部件库存的周转率，降低库存成本，实现共赢。

徐工智能供应链系统平台还能够与物联网平台、电商平台、物流运输管理平台等更多系统平台对接，以用户为核心，打造基于整机产品的信息整合服务。可实现产品及核心零部件的信息追溯、备件服务、租赁服务、维修服务，不断提升市场服务响应能力，提升企业的品牌价值，提高用户满意度。

基于 Handle 标识解析技术的徐工集团智能供应链系统平台实现了供应链上下游企业异主、异地、异构系统间的信息共享，使 Handle 标识解析技术在全球范围内首次应用于制造领域。系统平台创新性地对来自不同信息系统的数据进行全球唯一标识并进行关联解析，快速实现了整机产品及核心零部件的全生命周期管理、库存及物流信息可视化等功能应用，对实现跨平台的数据集成与挖掘供应链大数据价值具有重要意义。

徐工集团的智能供应链管理项目正是地址与标识解析体系的一个典型应用，除此之外，海尔集团也有类似的做法。海尔集团互联工厂图例如图3-9所示。

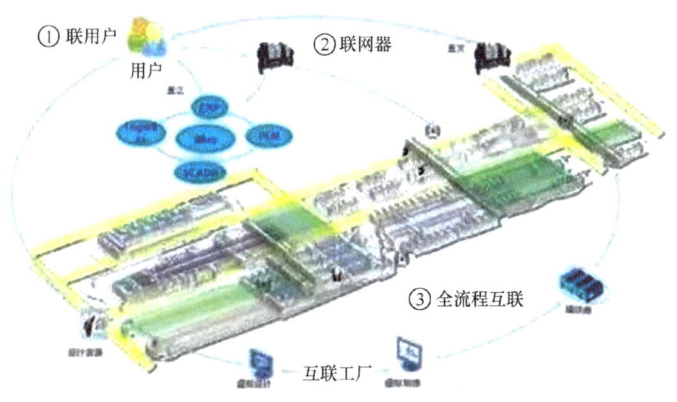

图3-9　海尔集团互联工厂图例

在传统工业时代，企业以产品为中心，一切以"线性"方式串联起来，将用户隔绝在生产之外。而随着工业互联网的兴起，用户与制造者之间的界限变得日益模糊，以前通过一体化构建的企业边界，不再是保护企业的"城墙"，反而成为限制企业与用户交流的"牢笼"。海尔认为，互联网时代下的智能制造模式，其本质就是互联工厂。这种生产方式的变革须打通整个产业链，让用户和一流资源都参与进来。基于互联网新技术的应用，要和工厂、资源方、用户等实现全体系连接。

基于这个理解，海尔便谋划建设数字化互联工厂，建立起互联工厂体系，打造了 7 个互联工厂的引领试点样板，其中有 5 个整机工厂——青岛空调、沈阳冰箱、郑州空调、佛山洗衣机、青岛热水器，有两个模块化工厂——青岛模具、斐雪派克电机工厂。同时，海尔还整合用户交互平台微店、众创设计平台众创汇、智能制造工厂、配送安装资源车小微等，让用户全流程参与到交互、设计、生产以及配送的过程中来。

与其他聚焦智能制造转型的企业不同，在海尔的互联工厂制造体系中，用户成为绝对的主角：不仅能全流程参与产品的研发设计，而且能进行个性化定制。为此，海尔上线了用户交互定制平台"众创汇"。工业互联网下海尔工厂智慧生活如图 3-10 所示。

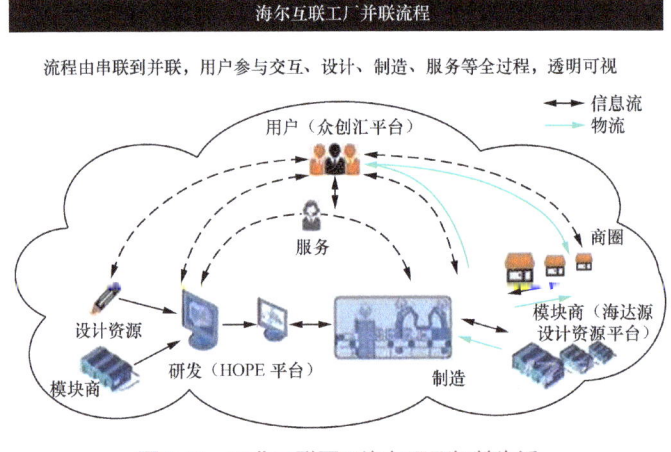

图 3-10　工业互联网下海尔工厂智慧生活

工业大数据资源互通、共享和协作生产是工业互联网的主要诉求之一,而实现这个目标的核心是对数据的理解,尤其是各类数据在语义层次上的理解。未来工业互联网的关键技术及应用方向之一,就是智能制造所涉及的各类割裂数据的理解及应用,而要理解数据,就要对数据的来源、流动过程、用途等进行了解并掌握。目前可见,唯一有希望满足这个任务的是地址与标识解析技术。在上面的案例中,无论是徐工集团的智能供应链管理,还是海尔集团的互联工厂,实际上都是对数据应用的体现,而实现这些应用的关键技术就是地址与标识解析技术。换句话说,有了地址与标识解析技术,才有了各种各样的工业互联网智能应用的落地。

标识可以理解为用于识别不同物品、实体、物联网对象的名称标记,可以是由数字、字母、符号、文字等以一定的规则组成的字符串。

目前主流的标识技术有 Handle、对象标识符(Object Identifier,OID)、物联网统一标识体系(Entity code for IoT,Ecode)、Epc、UCode 等,这些标识技术分别由不同的组织机构提出,其出发点都是面向物品对象、数字对象等进行唯一标记,并提供信息查询的功能,进而发展成一种底层的信息架构,在某些方面类似于互联网中的域名系统(服务)协议(Domain Name System,DNS)。例如,徐工集团智能供应链管理体系所运用的 Handle 标识解析技术就是由 TCP/IP 的联合发明人、有"互联网之父"之称的 Robert Kahn 博士发明的。Handle 标识解析技术最重要的特点,是提供部分用户自定义的编码能力，用户可以根据实际需求在编码体系的部分字段自定义编码规则。这也正是徐工集团智能供应链管理体系的一大特色。

标识的本质是用于识别对象的技术（包含实体对象、虚拟数字对象等），以便各类信息处理系统、资源管理系统、网络管理系统对目标对象进行相关管理和控制。工业互联网中的标识解析，除了识别网络内各个实体的作用外，在此基础上增加了查询实体关联信息的功能。工业互联网标识解析技术的变化如图3-11所示。

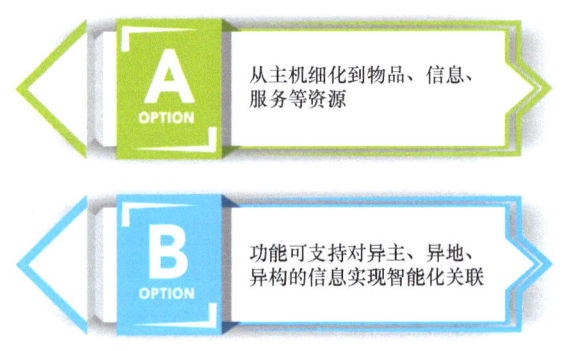

图3-11　工业互联网标识解析技术的变化

从应用角度看，标识一般分为两类：一类是有直接的可以理解的含义，如道路标识等；另一类是用来识别唯一一个"对象"，而不关注这个对象的用途。

从功能角度看，工业互联网的标识解析架构包括以下两个层次，如图3-12所示。

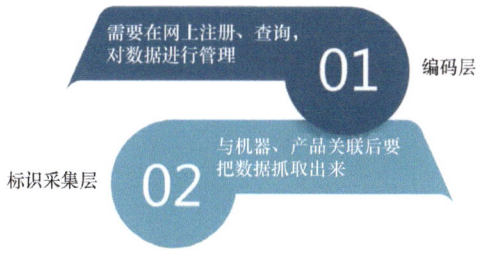

图 3-12　工业互联网的标识解析架构层次

标识解析技术本身并不是一个新技术，其最初的应用主要是解决生产者对所生产产品的管理。随着工业互联网的发展，人们逐渐认识到标识解析技术是工业互联网基础信息融合理解的支撑技术，是未来工业互联网大数据应用的最基本的支撑技术。

应用支撑体系

应用支撑体系反映的是工业互联网业务应用交互和支撑的能力，它包含工厂云平台及其提供的各种资源的服务化表述、应用协议。工业互联网场景下的应用支撑体系包括工厂云平台、公共工业云服务平台等。

⊙ 工厂云平台

制造业企业的信息化涵盖计划层、执行层、自动化层及控制层。计划层是以 ERP 为主的企业管理系统，目前发展已相对成熟。作为衔接上层创造执行系统 ERP 与底层控制的 MES，由于其"上传下达"的集成作用，在企业车间底层与管理上层架起一座信息化桥梁。

MES 即制造企业生产过程执行系统，是一套面向制造企业车间执行层的生产信息化管理系统。

MES 可以为企业提供制造数据管理、计划排产管理、生产调度管理、库存管理、质量管理、人力资源管理、工作中心/设备管理、工具工装管理、采购管理、成本管理、项目看板管理、生产过程控制、底层数据集成分析、上层数据集成分解等管理模块。

"云"的出现刷新了互联网的硬件瓶颈，以往个人、私人企业搜集数据、分析数据对网络硬件的要求非常高，成本太大。而现在通过云平台对数据进行储存、分析、运算，只需要花费一小部分费用就能实现上述功能，省去了花大价钱构建机房和后期维护的成本。

把"云"与 MES 结合起来就诞生了"云 MES"，它在传统 MES 的基础上加入了云，保证在速度运行和大空间储存的基础上提供完整的工业管理模式，它也成为企业工业互联网重要的应用支撑体系。

在众多工厂中，无论是国内还是国外，其从前的管理模式是由文件和人工系统进行的，通常是由有经验的管理人员执掌着工厂生产效益的钥匙。人工系统有以下两个弊端，如图 3-13 所示。

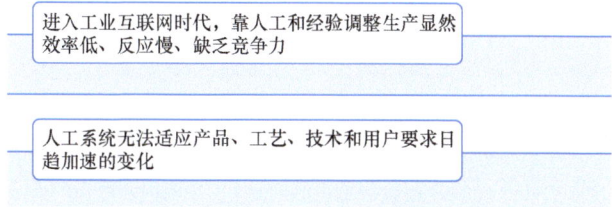

图 3-13 人工系统的两个弊端

因此，制造业企业就采用云 MES 替代人工和文件系统，解决管理与生产控制之间的断层。

传统的制造业企业内部存在着很多问题，如图 3-14 所示。

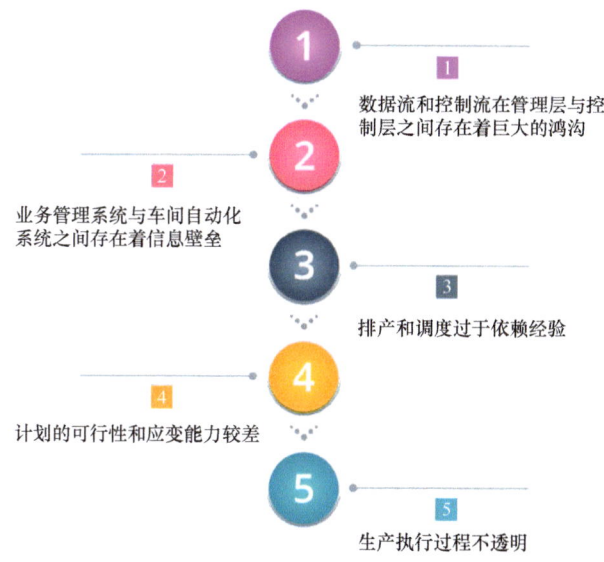

图 3-14 传统的制造业企业内部存在的问题

云 MES 的价值在于，在生产前期可以通过优化排产来降低生产成本、缩短生产时间。在生产执行过程中，在任务分派、数据采集、生产跟踪、质量控制、资源管理等方面可以实现高效的执行力和质量保证,在生产后期还可以发现问题、总结原因、持续改进,包括做统计分析和决策支持。

这里所说的工厂云平台不仅包括在工厂内部实现云 MES,还包括把企业的各个信息化系统都放入云端,并把它们彼此关联起来,通过大数据处理技术实现整个工厂的生产效率、管理效率的提升。这才是工厂云平台对工业互联网企业的重要支撑之处。

⊙ 公共工业云服务平台

公共工业云服务平台是面向工业企业实现设计协同、供应链协同、制造协同、服务协同等新型工业互联网应用模式及提供软件即服务(Software as a Service,SaaS)的平台。公共工业云服务平台主要面向工业企业,特别是中小型工业企业,提供购买或租赁信息化产品的服务以及产品生产流程管理,并利用高性能计算技术,虚拟现实以及仿真应用技术,提供多层次的云应用信息化产品服务。

下面以用友集团的用友工业互联网平台为例,来介绍公共工业云服务平台。

用友集团于 1988 年成立,旗下拥有 5 家上市公司以及约 200 万家大中型企业组织用户。目前,用友集团基于移动互联网、云计算、大数据等新一代企业互联网技术,逐步形成了以"软件、云服务、金融"三大板块为核心的企业互联网服务体系。用友工业互联网平台图例如图 3-15 所示。

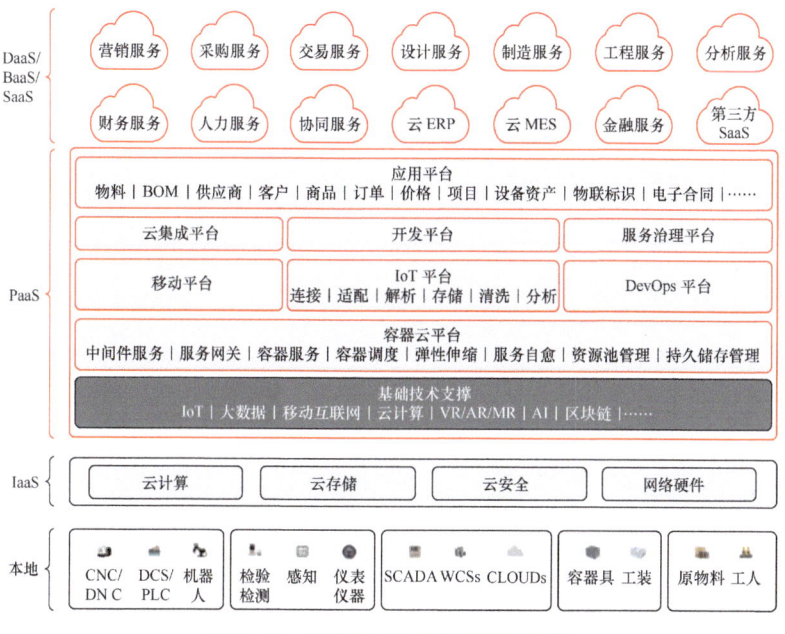

图 3-15 用友工业互联网平台图例

2017 年，用友集团发布了工业互联网平台"精智"。精智是用友云在工业企业的全面应用。用友工业互联网平台集新兴技术于一体，依托稳健平台，强调软件能力，强化工业连接，突出工业应用需求，打造软硬一体的智能制造产业生态，赋能云时代工业企业。用友工业互联网平台包括以下 7 个平台，如图 3-16 所示。

用友工业互联网平台融合了大数据、云计算、移动互联网、物联网、人工智能、机器学习、视觉分析、生物识别等现代信息网络技术，核心是为工业企业提供设计云、制造云、服务云、分析云、营销云、采购云、财务云、人力云、协同云以及第三方 SaaS 服务。

图 3-16 用友工业互联网平台包括的 7 个平台

用友工业互联网平台的平台即服务（Platform as a Service，PaaS）层正是由用友云平台作为支撑的。用友云平台为用友精智提供支持微服务架构的 DevOps（Development 和 Operations 的组合词，是过程、方法与系统的统称）、多端化的开发平台、支撑智能的数据服务、面向企业的可复用应用服务、面向支持物联网的链接融合服务、数据化的运营支撑……设计云、制造云、服务云能够实现信息共享、工具共享、能力共享、设计协同、计划协同、能力协同、生产协同、物流协同、供应协同和运维协同，多端接入，多方参与。

用友工业互联网平台拥有丰富的工业企业应用服务、强大的应用软件设计开发能力、庞大的制造业用户群以及长期的工业应用实践和经验积累。

基于用友云平台，用友集团开发了具有广泛适配性的用友工业物联云平台。该平台由设备模型、规则引擎、可视化监控、知识库等模块构成，可以适配工业领域常见的通信协议、多种品牌的数控系统及 PLC 控制器，实时采集各类设备、各类数据，并完成数据清洗、标准化转换和存储，方便 ERP、MES 等业务系统调用。

借助用友工业物联云平台，企业能够实现与不同类型设备的快速连接，实时采集设备数据，实现生产过程透明化，动态掌控生产进度，快速下达生产指令到各机台；提升供应链协同效率，立体库、AGV 根据生产计划精准配送物料；通过对水、电、风、气等能耗数据智能采集，结合机台、产线生产数据，实现精细化成本核算；还可以实现产品的云端监测、远程维护及服务。

用友集团的"精智"平台是公共工业云服务平台的一个典型案例，因为工业企业在网络技术层面的薄弱硬伤，所以这种第三方提供服务的模式成为中小型工业企业在工业互联网发展道路上的有力依靠，因此，公共工业云服务平台就成为工业企业工业互联网体系架构中的一个重要应用支撑体系。

⊙ 各种重要的协议

为了实现工业互联网的目标，企业采用的新技术不仅要与遗留的自动化系统集成，还要安装和融入新的设备。这就需要一个强大的以太网基础设施，最新的通信技术要有驾驭以太网的能力，并能和传统的机器对机器（Machine to Machine，M2M）的通信技术共享。这就需要工厂内各生产设备、控制系统和 IT 系统间的数据集成协议，以及生产设备、IT 系统到工厂外云平台间的数据集成和传送协议的支撑。

集成是面向服务的架构，它是一个开放且平台独立地集成了完整的安全机制的协议，因此它不可或缺。企业把设备与控制系统、IT 系统进行内部连接时就需要这样的数据集成协议来保证安全。另外，在工业互联网的环境中，企业会把越来越多的设备连接到网络中，企业的 IT 系统也会与工厂外的服务型云平台进行连接，这就使数据集成与传输协议变得尤为重要。

第四章 平台

工业互联网不是空中楼阁，它的落地需要依托平台来实现，因此平台就成为工业互联网实施的重要载体。

 释疑

工业互联网平台是面向制造业数字化、网络化、智能化需求，构建基于海量数据采集、汇聚、分析的服务体系，支撑制造资源泛在连接、弹性供给、高效配置的载体。工业互联网平台包含的三大要素如图4-1所示。

图4-1 工业互联网平台包含的三大要素

⊙ 边缘层：数据采集是基础

工业互联网平台以基于数据的能力为纽带，打造开放共享的价值网络。因此，工业互联网平台可以说是以数据为驱动、以制造能力为核心的专业服务平台。既然如此，数据就成为平台的基础要素。数据采集（边缘层）要构建一个精准、实时、高效的数据采集体

系，把数据采集上来，通过协议转换和边缘计算，一部分数据在边缘侧进行处理并直接返回机器设备，另一部分数据上传到云端进行综合利用分析，进一步优化并形成决策。

在平台的边缘层，对海量设备进行连接和管理，并利用协议转换实现海量工业数据的互联互通和互操作；同时，通过运用边缘计算技术，实现错误数据剔除、数据缓存等预处理以及边缘实时分析，降低网络传输负载和云端计算压力。

基于数据能力的合作是工业互联网平台业务发展和模式创新的动力源泉。全球主要的工业互联网平台都在积极争夺数据资源和争取数据能力的合作。例如，GE 收购了 Bit Stew Systems 和 Wise.io，PTC 收购了 Coldlight 等就是典型的数据资源争夺。

◉ **平台层：工业 PaaS 是核心**

工业 PaaS（平台层）要构建一个可扩展的操作系统，为工业 App 应用开发提供一个基础平台。在通用 PaaS 架构上进行二次开发，实现工业 PaaS 的构建，为工业用户提供海量工业数据的管理和分析服务，并能够积累沉淀不同行业、不同领域的技术、知识、经验等资源，实现封装、固化和复用，在开放的开发环境中以工业微服务的形式提供给开发者，用于快速构建定制化工业 App，打造完整、开放的工业操作系统。工业 PaaS（平台层）数字化模型如图 4-2 所示。

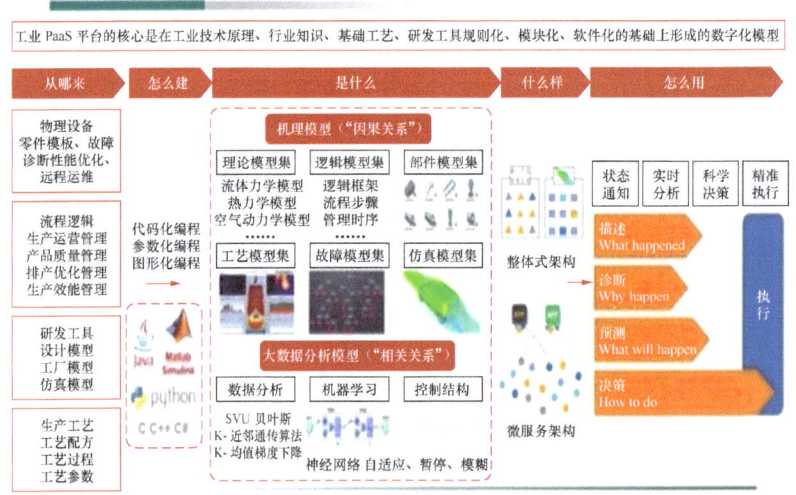

图 4-2　工业 PaaS（平台层）数字化模型

从架构来看，工业 PaaS 中包含很多内容，让我们说得形象点：如果把工业 PaaS 打开，其中最核心的一个要素组件就是基于微服务架构的数字化模型，如图 4-3 所示。这个数字化模型将大量工业技术原理、行业知识、基础工艺、模型工具等规则化、软件化、模块化，并封装为可以重复使用的组件。

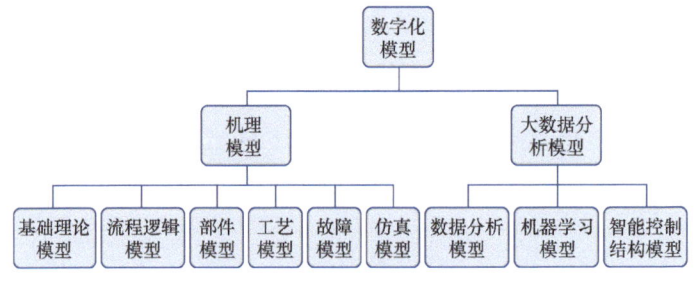

图 4-3　数字化模型的种类

其中，机理模型本质上是各种经验知识和方法的固化，它更多的是从业务逻辑原理出发，强调的是因果关系；大数据分析模型更多的是从数据本身出发，不过分考虑机理原理，而是更强调相关关系。

那么，这些数字化模型到底是从哪里来的呢？数字化模型的来源如图 4-4 所示。

图 4-4　数字化模型的来源

图 4-2 中的这些技术、知识、经验、方法、工艺都能通过不同的编程语言、编程方式固化成一个个数字化模型。这些模型一部分是由具备开发能力的编程人员，通过代码化、参数化的编程方式直

接将数字化模型以源代码的形式表示出来的；另一部分则是由具有深厚工业知识但不具备直接编程能力的行业专家，将长期积累的知识、经验、方法通过低门槛的图形化编程方式简易、便捷、高效地设计出来的。

当把这些技术、知识、经验、方法等设计成一个个数字化模型放在工业 PaaS 上时，它们主要以两种方式存在：一种是整体式架构，即把一个复杂且大型的软件系统直接迁移至平台上；另一种是把传统的软件架构不断碎片化成一个个功能单元，以微服务架构形式呈现在工业 PaaS 上。当工业 PaaS 上拥有大量蕴含着工业技术、知识、经验和方法的架构模型时，应用层的工业 App 就可以快速、灵活地调用这些碎片化的服务功能，从而实现工业 App 的快速开发部署和应用。

一旦所有的数据都汇聚到工业 PaaS 上，所有的工业技术、知识、经验和方法也都以数字化模型的形式加入 PaaS，此后就可以依次解决 4 个基本问题：首先是发生了什么问题，其次是为什么会发生问题，然后是预测下一步会发生什么问题，最后是应该如何解决问题。

⊙ 应用层：工业 App 是关键

工业 App（应用层）要形成满足不同行业、不同场景的应用服务，并以工业 App 的形式呈现。通过自主研发或引入第三方开发者的方式，平台以云化软件或工业 App 的形式为用户提供设计、生产、管理、服务等一系列创新性应用服务，实现价值的挖掘和提升。

综上所述，工业互联网平台通过对企业的机器、业务系统、产品模型等过程数据进行广泛的采集，将采集到的关键数据导入工业化模型，以实现业务功能的软件化，最终为企业提供工业级应用服务，帮助企业优化生产流程，为产品从研发到生产、销售、使用等全生命周期提供服务，从而实现制造资源的优化配置。

目前，全球制造业龙头企业、互联网主导企业基于各自的优势，从不同的层面与角度搭建了很多工业互联网平台，这些平台正在走向成熟，例如，西门子推出的 MindSphere 平台和 GE 推出的 Predix 平台。

MindSphere 是西门子股份公司推出的基于云的开放式物联网平台，此平台一经推出就在行业里引起了巨大的反响。MindSphere 之所以有强大的行业影响力，就在于西门子股份公司不但在构建工业互联网理念，而且有着比较广泛的行业应用实践，例如，一系列数字化工厂和无人工厂都是以 MindSphere 平台为核心构建的。

基于该平台，用户可以实现数据的采集、传输、存储、分析及应用。西门子股份公司提供开放的能力接口：一方面吸引行业用户或软件开发者开发更多的工业 App；另一方面将这些 App 推荐给更多的用户使用。用户可以根据自身需求选择相应的 App 对工厂运营数据进行分析，实现对生产线的智能控制，例如进行预测性设备维护、远程故障诊断、产品追踪等。

具体而言，对于工业设备的数据采集，西门子股份公司提供了一个 MindConnect 的工具盒子，可以让设备轻松连接入网。在这里可以找到Nano这种即插即用的工具，而配套的网关、软件也都使连接变得容易，并且可以轻松地集成到MES软件上。

关于分析数据，MindSphere融合了西门子股份公司自己开发的Sinalytics分析平台。这个平台不仅整合了远程维护、数据分析、网络安全等一系列技术和新技术，还能够对机器感应器产生的大量数据进行整合、保密传输和分析。Sinalytics分析平台主要用于对燃气轮机、风力发电机、列车、楼宇和医疗成像系统的监控能力进行提升。除此之外，西门子股份公司还通过与IBM合作，将Watson Analytics融入MindSphere，为MindSphere提供多个分析工具，包括预测分析、规范分析和认知分析。

MindSphere平台向下提供数据采集应用程序编程接口（Application Programming Interface，API），即支持开放式通信标准OPC UA，也支持西门子股份公司和第三方设备进行数据连接；向上提供开发API，方便合作伙伴和用户开发应用程序。MindSphere平台应用开发也是基于Cloud Foundry框架构建的，既搭建了完整的大数据预处理、存储及分析的技术框架，也融合了西门子股份公司以前在若干个领域积累的分析模型与算法，提供开放的接口，便于用户嵌入满足个性化需求的分析算法模型。

西门子股份公司本身就是一家制造企业，生产制造一些关键的工业自动化设备。因此，西门子股份公司既能准确地把握制造企业的应用需求，也能通过对工业设备的技术和生态掌控构建满足制造企业需求的工业互联网平台。这就使 MindSphere 平台成为贴近制造企业工业自动化应用需求的工业互联网平台之一。

让我们再来看看 GE 公司的 Predix 平台，如图 4-5 所示。

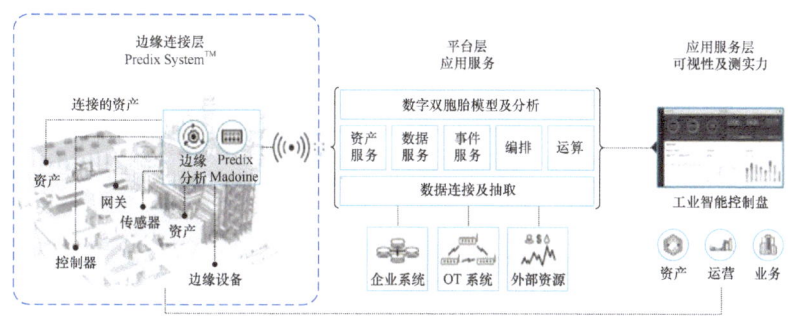

图 4-5　GE 公司的 Predix 平台

Predix 平台是 GE 推出的针对整个工业领域的基础性系统平台，它是一个开放的平台，可以应用在工业制造、能源、医疗等领域。Predix 平台的 4 个核心功能如图 4-6 所示。

图 4-6　Predix 平台的 4 个核心功能

平台架构共分为3层,分别为边缘连接层、平台层和应用服务层。其中,边缘连接层主要负责收集数据并将数据传输到云端;平台层主要提供基于全球范围的安全的云基础架构,满足日常的工业工作负载和监督的需求;应用服务层主要负责提供工业微服务和各种服务交互的框架,主要提供创建、测试、运行工业互联网程序的环境和微服务。

在边缘连接层,由于工业设备的连接和协议具有复杂性和多样性,并且很多是与GE有竞争关系的大厂商(如西门子股份公司、ABB等)主导的封闭协议,因此Predix平台并不直接提供实现数据采集的硬件网关设备,但是提供了一个网关框架——Predix Machine,以实现数据的采集和连接。

Predix平台提供了Predix Machine的开发框架,支持开放现场协议的接入,并增强了边缘计算的功能,由合作伙伴开发相应的设备接入和边缘计算的功能。尤其值得关注的是Predix平台提供的边缘计算功能,Predix通过丰富的实际案例定义了边缘计算的实现框架,如图4-7所示。

非常多的合作伙伴已经基于这个框架开发出众多边缘网关产品。

Predix Machine包括一整套技术、工具和服务,支持应用开发、部署、应用和管理。用户可以根据边缘设备不同的处理能力选择Predix Machine的内置功能,以此来确定应用场景。

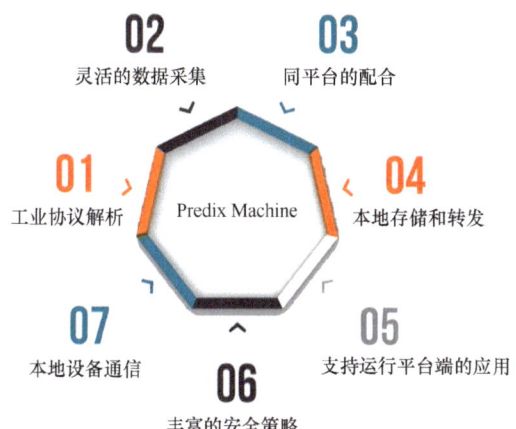

图 4-7 Predix Machine 覆盖的边缘设备所需解决的问题

平台层是整个 Predix 方案的核心，围绕以工业数据为核心的思想，提供了丰富的工业数据采集、分析、建模以及工业应用开发的能力。

Predix 平台最强大的功能是工业大数据分析，即把物理设备的各种原始状态通过数据采集和存储，反映在虚拟的信息空间中，通过构建设备的全息模型，实现对设备的掌控和预测，如图 4-8 所示。

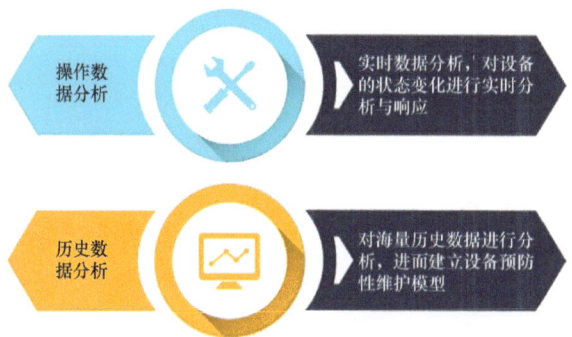

图 4-8 Predix 平台提供的两种数据分析类型

Predix 平台主要通过一个名为 Predix Machine 的功能模块采集工业数据，这是一个能嵌入工业控制系统或网络的软件栈，其嵌入方式主要有以下 3 种。

部署在网关。对于支持通用工业通信协议（如 modbus、opc 等）或 TCP/IP 等 IT 通信协议的设备，Predix Machine 可以通过设备自身所支持的协议直接与设备进行通信。在这种应用场景中，Predix Machine 往往部署在网关上，而网关起到设备与云之间的通信连接作用。

部署在控制器。Predix Machine 直接部署在设备的控制单元中，这样做能够削弱机器软件与硬件之间的联系，实现连接、可升级性、兼容性、远程访问等，使独立运行或在单独网络中运行的工业设备能够直接连接到云端，完成数据采集与实时分析。

部署在传感器节点。在这个应用场景中，传感器部署在生产现场，完成数据采集，直接将数据上传至云端，在云端完成其他的数据处理操作。

为了实现对大量采集来的工业数据进行处理和分析，进而优化工业生产过程，Predix 平台提供包括设备服务、数据服务、分析服务在内的一系列服务。

Predix 先通过设备服务为设备建模，再利用数据服务将采集的设备运行数据与来自其他数据源的数据（包括设备模型、ERP 数据）相结合，并根据数据的特点存储到不同类型的数据库中，最后采用分析服务对数据进行分析，进而输出分析结果。

面对不同行业数据的分析需求时，Predix 分析服务提供开发框架——一个基于微软 Cloud Foundry 框架的 PaaS 开发平台。利用这个开发平台，企业可以根据需求自主开发算法和模型，再通过配置、抽象以及扩展模型来管理分析算法的执行。

为了方便用户开发模型，Predix 平台提供了一个模型目录，将 GE 和合作伙伴开发的各类模型以 API 的方式发布出来，并提供测试数据，让使用者可以站在巨人的肩膀上，利用现有的模型进行模型训练，快速实现实例化。同时，用户开发的模型也可以发布到这个模型目录中，被更多的用户共享使用。这里的模型不仅包括常规的异常检测，还包括文本分析、信号处理、质量管控、运行优化等。根据大家公认的工业大数据分析类型，模型可被分为 4 类，即描述性、诊断性、预测性和策略性。

在应用服务层，Predix 平台的主要目标就是更高效、更便捷地开发各类工业应用，分析各类工业问题。

Predix 平台针对的不是 MES、ERP、PLM 等传统 IT 类应用，而是为各类工业设备提供完备的设备健康和故障预测、生产效率优化、能耗管理、排程优化等应用场景，采用数据驱动和机理结合的方式，旨在解决传统工业几十年来都未能解决的质量、效率、能耗等问题，帮助工业企业实现数字化转型。同时，Predix 平台采用物联网、人工智能等新兴 IT 技术，摆脱人的经验和知识积累的局限性，从只能解决已知的、经验性的问题逐步过渡到对未知世界的掌控。

Predix 平台应用开发的 3 个部分如图 4-9 所示。

图 4-9　Predix 平台应用开发的 3 个部分

由于 Predix 平台优异的开放性，很多行业，包括很多流程制造和服务的用户，都能够利用 Predix 平台开发相关应用，包括计划和物流、互联产品、智能环境、现场人力管理、工业分析、资产绩效管理、运营优化等。

GE 的 Predix 平台实现了对工业互联网平台功能的全覆盖，属于典型的工业互联网平台。Predix 平台无论是在技术架构的领先性、功能服务的全面性、行业应用的覆盖度，还是在业界的影响力等方面都要领先于同行，是工业互联网平台中的标杆。

通过对西门子股份公司的 MindSphere 平台和 GE 的 Predix 平台的了解，我们可以总结出工业互联网平台的特征，它们包括泛在连接、云化服务、知识积累和应用创新。其中，泛在连接就是工业互联网平台具备对设备、软件、人员等各类生产要素数据的全面采集能力；云化服务即实现基于云计算架构的海量数据存储、管理和计算；知识积累即能够提供基于工业知识机理的数据分析能力，实现知识的固化、积累和复用；应用创新指能够调用平台功能及资源，提供开放的工业 App 开发环境，实现工业 App 的创新应用。

4 种视角

工业互联网平台在整个工业互联网蓬勃发展的大背景下扮演着怎样的角色？这需要从不同的角度来看待，我们把认识和定位工业互联网平台的方式分为 4 个不同的角度，也可以称为 4 种视角，如图 4-10 所示。

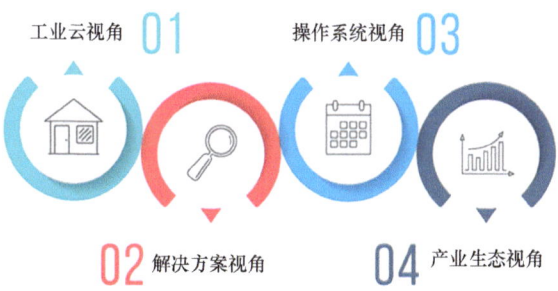

图 4-10　工业互联网平台的 4 种视角

⊙ 工业云视角

工业互联网平台就是在传统工业云平台软件工具共享、业务系统集成的基础上，叠加制造能力开放、知识经验复用和开发者集聚的功能，大幅提升工业知识生产、传播、利用的效率。因此，从工业云的视角来看，其向工业互联网平台发展是一个不断演进的过程。

我们可以把从工业云到工业互联网平台的发展分成 5 个阶段，如图 4-11 所示。

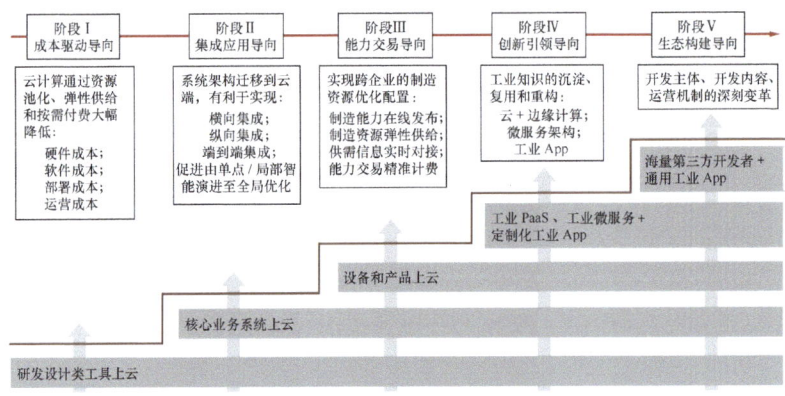

图 4-11　从工业云到工业互联网平台发展的 5 个阶段

⊙ 解决方案视角

第二种视角是把工业互联网平台当作基于云平台的数字化、网络化、智能化解决方案。从智能制造到工业互联网平台，面向制造业数字化、网络化、智能化的解决方案的演进经历了 3 个阶段，如图 4-12 所示。

在解决方案的视角里，一切都是以用户需要为前提的，并不是说工业公有云一定比私有云先进，私有云一定比传统的 IT 架构有优势，而是要根据制造业企业和用户不同的需要，来提供不同的解决方案。

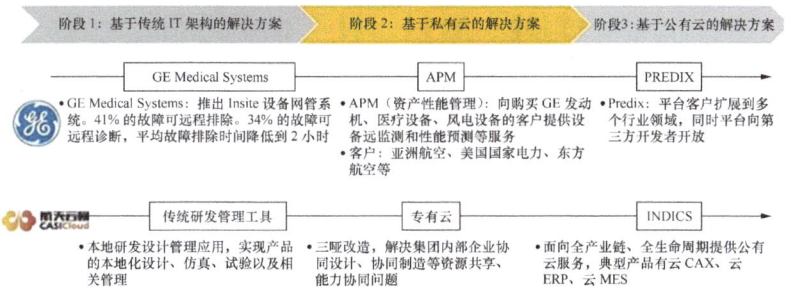

图 4-12　基于云平台的数字化、网络化、智能化解决方案

⊙ 操作系统视角

第三种视角是把工业互联网平台看作一个可拓展的工业操作系统。

在前文的案例中，西门子股份公司把 MindSphere 平台定位为基于云的开放式物联网操作系统；而 GE 的技术专家也同样把 Predix 平台和微软的 Windows 以及苹果的 iOS 相提并论，将其看作为开发者提供的一个操作系统。因此，我们说工业互联网平台实质上是一个可拓展的工业操作系统，它自身承载着蕴含大量工业知识的数字化模型与微服务：向下可以实现对各种软硬件资源接入、控制和管理；向上可以提供开发接口、存储计算及工具等资源，并以工业 App 的形式提供各种各样的服务。

为何要把工业互联网平台看作操作系统呢？在一些大型软件系统的开发过程中，65% 的编程代码不需要重新开发，只需要对已有的各种软件功能模块进行重复调用就可以了。但是工业中的很多技术、知识、经验、方法创新需要从零开始,知识复用水平较低。而构建一个工业互联网平台,则要将大量的工业技术原理、行业知识、基础工艺、模型工具、业务流程以及行业专家的丰富经验进行规则化、软件化、模块化,以数字化模型的形式沉淀在平台上。一旦完成就不需要再做重复性的工作,可以直接调用、复用、传播,重构工业的创新体系,大幅降低创新成本和风险,提高研发、生产和服务的效率。从这个角度来看,工业互联网平台就是通过提高工业知识复用水平构筑工业知识创造、传播和应用的新体系的。

在重构的过程中,创新主体是海量的第三方,创新载体和成果是微服务和工业 App,创新方式是基于工业互联网平台和工业 App 的体系。过去,专利、品牌、渠道是企业的专有资产;现在,工业企业又多了一个资产,就是企业微服务组件和各种各样的工业 App;未来,工业 App、微服务组件将会成为企业新的价值来源。过去,工业创新 80% 在做重复性劳动。工业互联网平台出现后,80% 的重复性劳动与 20% 的创造性劳动将反转为 20% 的重复性劳动和 80% 的创造性劳动。

⊙ 产业生态视角

产业生态视角从构建多方参与的基于工业互联网平台的产业生态角度来看待工业互联网的作用,即工业互联网平台是打造智能制造产业生态的核心，如图 4-13 所示。

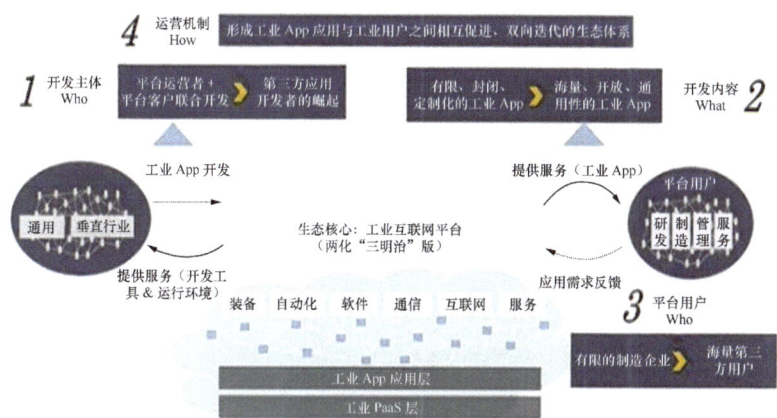

图 4-13　构建多方参与的基于工业互联网平台的产业生态

在工业互联网平台的架构里，从私有云到公有云，发生了 4 个本质性的变化。

首先，开发主体（Who）发生了变化。传统的私有云部署主要由平台企业和用户来开发。而在公有云部署下，则更多的是由第三方应用开发者来开发的。

其次，开发内容（What）发生了变化。在私有云部署下，开发内容主要为有限、封闭、定制化的工业 App，并且这些工业 App 只为企业自身提供服务。而在公有云部署下，开发内容则是海量、开放、通用的工业 App。

再次，平台用户（Who）发生了变化。基于私有云部署的平台主要由有限的制造企业自己使用。而在公有云部署下，则更多的是帮助第三方中小型企业把业务系统迁移到云端，为其提供各种各样的服务。

最后，运营机制（How）发生了变化。当中小企业的业务系统迁移到云端，以工业 App 的形式呈现各种各样的服务时，就会形成一个工业 App 应用和工业用户之间相互促进、双向迭代的生态体系。

3 个种类

工业互联网平台体系将物联网、大数据、人工智能、云计算等理念、架构和技术融入工业生产中，其发展速度非常迅猛。相关统计显示，截至 2018 年上半年，声称能提供工业互联网平台服务的国内外厂商已经超过 150 家。我们可以把目前工业互联网平台按照服务对象及应用领域分为 3 类，它们是资产优化平台、资源配置平台及通用使能平台。

⊙ 资产优化平台

资产优化平台主要运用在设备资产的管理和运营方面，它通过现代传感、移动通信等技术连接智能终端，并从终端收集关于设备、环境等各类数据信息，然后基于这些数据在云端利用大数据、人工智能等技术及行业经验知识，对设备运行状态与性能状况进行实时智能分析，再以工业 App 程序的形式为生产与决策提供相应的智能化服务。资产优化平台主要的参与者往往是工业企业以及大型设备生产商。

资产优化平台不仅能够充分融入大数据、人工智能等先进技术，还能为第三方提供开发环境，如西门子股份公司的 MindSphere 及 GE 的 Predix 平台都提供软件开发环境及工具，旨在通过第三方开发者和应用程序的接入形成类似 Apple Store 的第三方开发应用生态。目前，工业巨头是此类平台主要的推动者，如 GE、西门子股份公司、ABB 等，我国的三一根云以及徐工工业云也属于此类平台。MindSphere 产业价值链如图 4-14 所示。

图 4-14 MindSphere 产业价值链

在前文的案例中，我们曾详细介绍过西门子股份公司的 MindSphere 平台，MindSphere 是一个开放的生态系统，它可以充分利用世界各地安装的西门子股份公司设备（3000 万个自动化系统、7000 万个智能仪表、80 万个关联产品）以及丰富的 API 获取海量数据，并基于自身深厚的行业知识和经验提供数字化服务。MindSphere 平台的核心要素如图 4-15 所示。

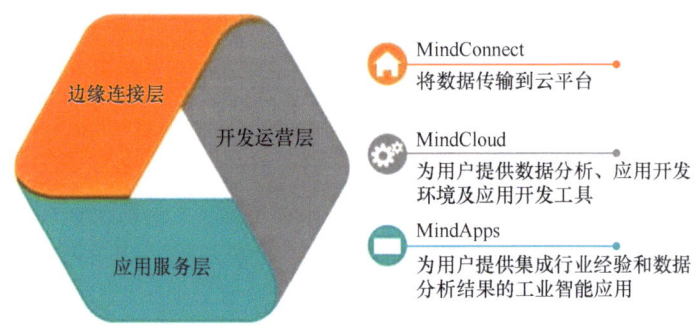

图 4-15 MindSphere 平台的核心要素

其中，MindApps 的作用是结合设备历史数据与实时运行数据，构建数据孪生，及时监控设备运行状态，实现设备的预防性维护，基于现场能耗数据的采集分析对设备生产线等能效使用进行合理规划，优化能源数据管理、提高能源使用效率等。

⊙ 资源配置平台

资源配置平台的价值主要体现在资源的组织与调度方面。它在应用过程中汇聚了大量的工业数据、模型算法、研发设计等各类资源及能力，通过云接入及云处理技术分散这些积累的资源，对制造企业的资源管理、业务流程、生产过程、供应链管理等环节进行优化，可以实现制造企业与外部用户需求、创新资源以及生产能力的对接。

资源配置平台能够有效地促进产能优化以及区域协同，同时也能支持用户直连制造（Customer to Manufacturer，C2M）等新型业务，满足市场的多元化需求。目前，我国已经拥有一批处于领先水平的资源配置平台，例如，中国航天科工集团有限公司（以下简称"中国航天科工"）的工业智能云系统（Industrial Intelligent Cloud System，INDICS）平台、海尔的COSMOPlat等。

让我们来看中国航天科工的INDICS平台。

INDICS平台是中国航天科工于2017年6月向全球发布的工业互联网平台。INDICS是基于航天云网平台应用积累打造的工业互联网云平台核心系统，如图4-16所示。INDICS是以工业大数据为驱动，以云计算、大数据、物联网技术为核心的工业互联网开放平台，可以实现产品、机器、数据、人的全面互联互通和综合集成。INDICS在技术上与西门子股份公司的MindSphere平台、GE公司的Predix平台处于同等水平，但平台功能和应用场景更加丰富。

图4-16　INDICS平台

INDICS 平台能够提供涵盖基础设施即服务（Infrastructure as a Service，IaaS）、数据即服务（Data as a Service，DaaS）、PaaS 和 SaaS 的完整的工业互联网服务功能，适合不同层次、类型、规模的企业；可以支持各种工业设备接入、集成各类工业应用服务、构建良性工业生态体系，使制造管理更加便捷高效；构建了涵盖设备安全、网络安全、控制安全、应用安全、数据安全和商业安全的工业互联网完整安全保障体系。

INDICS 平台在 IaaS 层自建数据中心；在 DaaS 层提供丰富的大数据存储、产品分析与服务；在 PaaS 层提供各类工业服务引擎，如面向软件定义制造的流程引擎、大数据分析引擎、仿真引擎、人工智能引擎等，以及面向开发者的公共服务组件库和 200 多种 API 接口，其对外开放自研软件与众研应用 App 共计 500 余种，涵盖智能研发、精益制造、智能服务、智慧企业、生态应用等全产业链、产品全生命周期的工业应用能力。

目前，INDICS 平台接入企业已经超过 600 家，对设计模型、专业软件以及 1.3 万余台设备设施等进行共享，可以有效解决生产单元产能闲置与超负荷运转这两个同时存在的问题。另外，工业企业也可通过平台对外开放的空闲制造能力，实现制造能力的在线租用，进一步释放产能。

⊙ 通用使能平台

通用使能平台主要提供云计算、物联网、大数据的基础性、通用性服务。其中，部分平台侧重于云服务的数据计算及存储，如微软的 Azure、SAP 的 HANA、亚马逊的 AWS 以及我国的阿里云、腾讯云等，部分平台侧重于物联网的设备连接管理，如思科的 Jasper、华为的 OceanConnect 等。这类平台为资产优化及资源配置型工业互联网提供技术支撑，如 GE 的 Predix 平台就部署在微软的 Azure 平台上，此外，通用使能平台还广泛应用于金融、娱乐、生活服务等行业。

让我们来看看华为的 OceanConnect 平台，如图 4-17 所示。

图 4-17　华为 OceanConnect 平台

OceanConnect 被华为定义为以 IoT 连接管理平台为核心的 IoT 生态圈。它基于物联网、云计算、大数据等核心技术，构建统一开放的 IoT 连接管理平台，通过开放 API 和 IoT Agent 实现与上下游产品能力的无缝连接，从而给用户提供端到端的高价值行业应用，例如，OceanConnect

智慧家庭、OceanConnect 车联网、OceanConnect 智能抄表等。

IoT 连接管理平台包括数据管理、设备管理和运营管理，实现统一安全的网络接入、各种终端的灵活适配、海量数据的采集分析。它不仅通过 Agent 简化各类终端厂家的开发，屏蔽各种复杂的设备接口，实现终端设备的快速接入；同时面向各行业提供强大的开放能力，支撑各行业伙伴快速实现各种物联网业务的应用，满足各行业用户的个性化业务需求。

从技术架构上看，OceanConnect 平台分为垂直和水平两个方向。OceanConnect 平台垂直方向架构如图 4-18 所示。

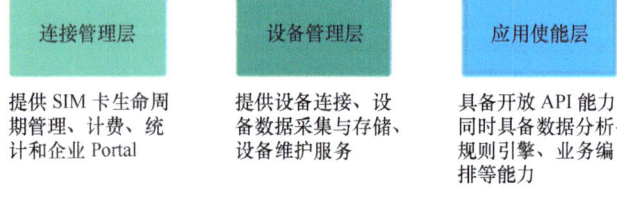

图 4-18　OceanConnect 平台垂直方向架构

在水平方向上，OceanConnect 平台通过与平台连接的行业智能设备网关，提供边缘计算能力，实现与云端计算的协同。OceanConnect 平台提供云网关，支持各类编解码插件，使设备能够即插即用。

综上所述，这 3 类工业互联网平台都是通过工业互联网直接或者间接地连接物理载体，从而提供差异化的服务。其中，资产优化平台将终端设备、生产过程作为直接优化对象，其与底层物理设备之间的交互最深入、最频繁，获取的数据类别及体量也十分庞大，例如，GE Predix 平台运用于汽轮机，要实时采集压力、温度、转速等上千个类别的数据，每台机器收集的数据体量可达 TB 级。同时，对这些数据的处理和分析需要融合大数据、人工智能等创新技术。也正因为如此，此类平台的建设难度较大，不仅需要掌握新一代信息技术，还需要具备智能产品、高端装备及综合解决方案。

资源配置平台基于已经成熟的网络信息技术，更加注重资源的跨地域、跨环节的重组整合，聚焦于网络化协同以及个性化定制的前端对接，提供精准服务。此类平台的垂直行业属性较强，对于信息化集成应用及供应链管理水平有很高的要求。

通用使能平台则主要为工业互联网提供连接、计算、存储等底层技术支撑，基本涉及工业互联网产业体系的边缘层及 IaaS 层。

这 3 类平台在工业互联网时代所起的作用也有明显的差异。其中，资产优化平台为高端产品提供优化服务，推动高端制造由高价值产品向"高价值产品 + 高价值服务"靠拢；资源配置平台促进产能优化，拉动消费平衡，带动企业发展方式的转变；而通用使能平台为上层平台提供技术支持，从而使上层平台能够专注于为生产提供直接相关的服务，实现各类平台的专业分工。

因此，这 3 类平台之间的相互交汇在未来会相当紧密。例如，GE、西门子股份公司与微软、亚马逊的合作，有效地优化了基础资源的部署，强化了现场数据的采集能力；中国航天科工、SAP 与西门子股份公司的合作，通过西门子股份公司巨大的存量基础，降低了设备的接入难度，实现了更大范围的数据采集。另外，这种紧密的交汇还能提高平台的整体数据分析能力。例如，西门子股份公司与 IBM 合作，就是旨在提升自身平台的计算分析能力。

总而言之，不同类型的平台之间相互协作的根本目的是向平台用户提供完整的解决方案，这才是工业互联网平台的终极目的。

四大功能

工业互联网平台必备的 4 个基本功能，如图 4-19 所示。

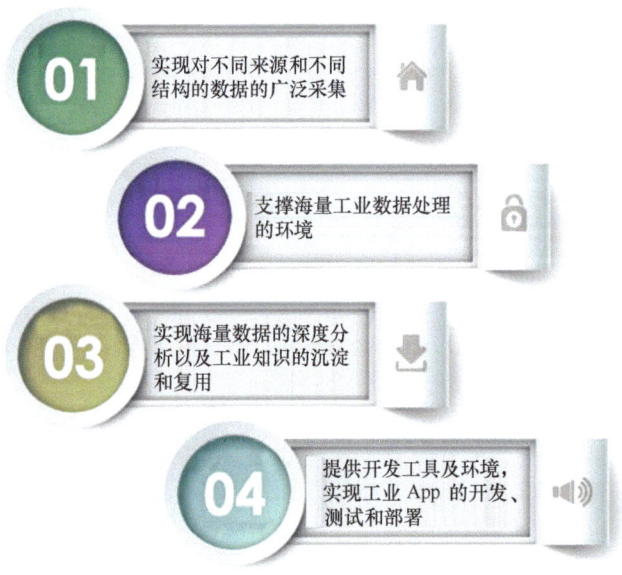

图 4-19　工业互联网平台必备的 4 个基本功能

⊙ 实现对不同来源和不同结构的数据的广泛采集

全球产业的数字化转型离不开大数据的支撑作用，可以说是数据驱动着智能化变革。数字经济里最核心的是数据驱动下的全球数字化与智能化，这推动产业升级从低端向中高端发展。在工业互联网时代，大数据与实体经济的结合日益紧密，大数据的发展将进一步促进工业互联网的发展。正因为如此，数据采集就成为工业互联网平台最基本的功能之一。

数据采集，顾名思义就是一种可以追溯数据来源并且可以进行数据采集的功能。数据采集功能可以将采集过来的数据进行收集、识别和选取，然后根据不同的需求，对数据进行简单处理。工业大数据的采集手段如图 4-20 所示。

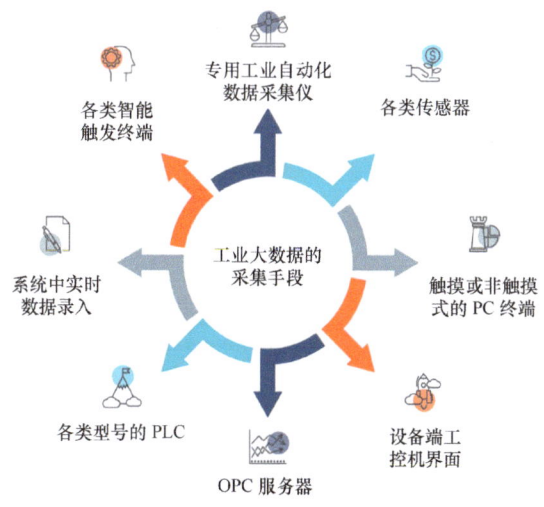

图 4-20　工业大数据的采集手段

⊙ 支撑海量工业数据处理的环境

GE 所提出的工业互联网概念，从根本上讲，就是要把人与机器、机器与机器之间通过数据无缝连接，通过海量数据找到运营之中的瓶颈，降低成本，提升效率。从这个概念中我们可以看到，其重要的一环是对海量数据的挖掘。这就要求工业互联网平台必须具备海量数据处理挖掘的环境。

⊙ 实现海量数据的深度分析以及工业知识的沉淀和复用

工业互联网平台采集数据并不是为了把自己变成一个单纯的工业数据库，而是要通过对工业大数据的深度分析，形成工业知识、经验在平台上的沉淀，以供平台用户方便快捷地调用。为了实现这个目标，对海量数据的分析就成为建立知识模型、应用模型的前提条件。

⊙ 提供开发工具及环境，实现工业 App 的开发、测试和部署

前文就曾提及，在工业互联网平台所提供的服务中，非常重要的一部分就是以工业 App 的形式为制造企业提供各类创新应用。工业 App 是开发者面向特定工业应用场景，通过调用工业互联网云平台的资源，为了推动工业技术、经验、知识和最佳实践模型化、软件化而形成的应用程序。

工业 App 被视为工业互联网平台的关键。与民用 App 不同的是，工业 App 将更加强调性能，数据效率要求更高，安全攻击防

护、漏洞发现、安全审计更加可靠。工业 App 在欧美国家的发展已经非常成熟，例如，美国初创企业 Uptake 围绕卡特彼勒工程机械开发了状态监测和故障预警的工业 App，接入了超过 300 万的工程机械，公司目前的估值已经达到 23 亿美元。

在我国，工业和信息化部于 2018 年 5 月公布了《工业互联网 App 培育工程实施方案（2018—2020 年）》，意在推动工业互联网应用生态加快发展，如图 4-21 所示。

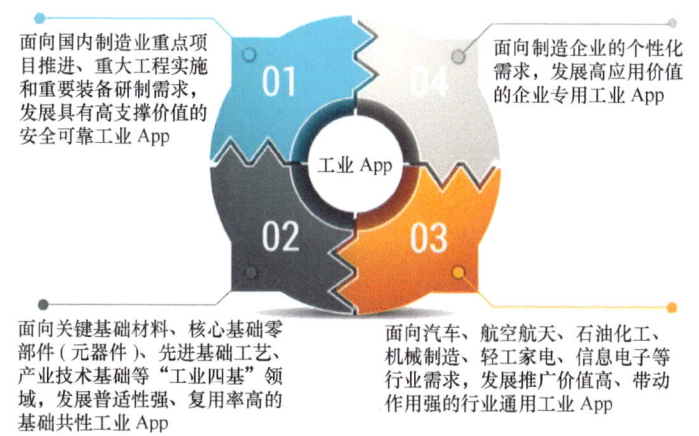

图 4-21 《工业互联网 App 培育工程实施方案（2018—2020 年）》的四大重点方向

方案提出的目标包括：到 2020 年，培育 30 万个面向特定行业、特定场景的工业 App，全面覆盖研发设计、生产制造、运营维护、经营管理等制造业关键业务环节的重点需求。

突破一批工业技术软件化共性关键技术，构建工业 App 标准体系，培育出一批具有重要支撑意义的高价值、高质量工业 App，形成一批具有国际竞争力的工业 App 企业。

综上所述，正是这四大基本功能支撑起了工业互联网平台，使工业互联网平台成为工业互联网大背景下，实现工业企业互联的中枢纽带。下面就让我们来看一个工业互联网平台的案例。

ABB 于 2017 年推出了工业互联网平台 ABB Ability，如图 4-22 所示。ABB 集团全球 CEO 史毕福将 ABB Ability 工业云定义为从设备、边缘计算到云服务的跨行业、一体化的数字化解决方案。具体来说，ABB Ability 平台就是"边缘计算＋云"架构，边缘设备负责工业设备的接入，对关键设备的参数值和属性进行数据采集，由 ABB Ability 边缘计算服务进行数据的处理和展现，最上层的云平台用来对工业性能进行高级优化和分析。

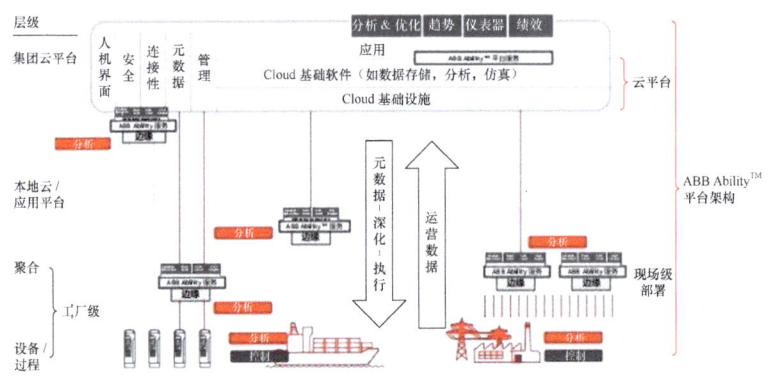

图 4-22 ABB Ability 平台

ABB Ability 平台由 Ability Edge 和 Ability Cloud 构成。ABB Ability Edge 主要用于数据采集，包括设备及生产控制系统（SCADA、

DCS）的数据，通过 Ability Edge 内置的数据模型进行预处理并传输至云端。Ability Cloud 基于 Microsoft Azure 云基础架构及其应用服务，通过对数据进行集成管理和大数据分析，形成智能化决策与服务应用。

ABB Ability 可按照"金字塔型"划分为 4 层架构，如图 4-23 所示。

图 4-23　ABB Ability 可按照"金字塔型"划分为 4 层架构

ABB 的主要业务是电力和自动化，ABB Ability 工业互联网平台也是围绕产业业务构建的。对于底层的数据采集，ABB 主要通过传感器来完成。早在 2016 年，ABB 就推出智能传感器解决方案，将低压电机与工业互联网相连接，从而实现对电机的连续监测。传感器可以便捷地贴附在电机上，将电机的震动、温度、负载、能耗等关键数据传输到云端。一旦任何参数偏离标准值，它就会发出警报，从而使操作人员在电机发生故障前采取预防措施。

通信连接由每台传感器内置的蓝牙，通过工作人员的智能手机或者ABB网关解决方案实现。

这些状态与性能数据可以帮助工厂降低电机整个生命周期的总体成本，从而延长电机的工作时间和使用寿命，并提升电机性能和效率。

ABB Ability工业云平台的自动化执行环节是由ABB Ability系统800xA来完成的，这是一款集分布式控制系统（Distributed Control System，DCS）、电气控制系统以及安全系统于一体的协同自动化系统，可以帮助用户提高工程效率、操作人员效率和资产利用率。该系统包括800xADCS、800xA安全、800xA电气控制。ABB Abiliry平台运行流程如图4-24所示。

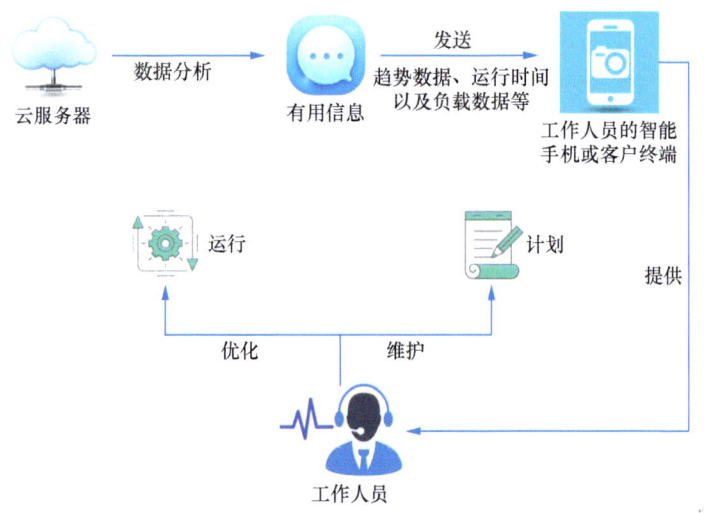

图4-24　ABB Ability平台运行流程

另外，ABB与微软达成战略合作，依托微软的Azure平台提供工业云服务；ABB还与IBM Watson展开合作，为ABB Ability平台提供工业数据计算和分析能力。在中国市场，ABB则与华为合作，联合研发机器人端到端的数字解决方案，实现机器人远程监控、配置和大数据应用。

ABB根据业务战略发展需求将集团业务划分为四大事业部，分别为电气产品、机器人及运动控制、工业自动化和电网事业部。四大事业部都将得到集团数字化解决方案的全面支持。ABB基于Ability平台发布了行业数字化解决方案，包括面对资产密集型行业的绩效管理解决方案，针对流程工业的控制系统，面向机器人、电机和机械设备的远程监测服务，用于建筑、海上平台和电动汽车充电基础设施的控制解决方案，以及满足数据中心能源管理和远洋船队航线优化等需求的专业领域的解决方案。

目前，ABB Ability平台主要应用于采矿、石化、电力、食品、水务、海运等领域。未来，ABB还计划依托其超过7000万个连接设备和70000个控制系统的存量设备，不断拓展Ability平台的应用。

ABB Ability工业云平台的体系架构涵盖了工业互联网平台的四大基本功能。从案例中我们可以看到，在数据采集方面，ABB主要是通过传感器来完成的；ABB通过云服务器创建了数据处理的环境；为了强化平台的数据分析能力，ABB与微软、IBM、华为这些信息技术领导企业合作，完善了平台的数据分析功能；最后ABB不断推出的解决方案把平台带向了应用领域。

综上所述，ABB Ability 的这个案例诠释出工业互联网平台的主要功能在现实中的落地形态。而对于工业企业特别是中小型工业企业而言，加入工业互联网大家庭的最佳方式就是借助工业互联网平台的力量。

第五章 展望

工业互联网是机器、物、控制系统、信息系统、人之间互联的网络,为智能制造提供信息感知、传输、分析、反馈、控制支撑,是实现智能制造变革的关键基础。因此我们可以说,在未来,工业互联网必然是世界工业、商业发展过程中的重要支撑环节。

技术体系升级带动产业革命

现在看来，可以确定的是工业互联网是由技术体系的升级带来的一场革命。互联网在很大程度上还是一种将人与信息、人与人、人与商业连接起来的工具。有了互联网，几乎一切用户想要的东西用一次点击就可以得到。然而，这种对互联网的固有观念正在逐渐被颠覆，工业互联网就是实现这种颠覆的源头：一个开放、全球化的网络，将人、数据和机器连接起来，这即使在互联网发展的"黄金十年"里也没人敢想。

如今，全世界有数百万种机器设备，从简单的电动摩托到高尖端的核磁共振成像机器；有数万种复杂机械的集群，从发电的电厂到运输的飞机；有上千种复杂的机器网络，从供电网到铁路系统，谁能知道这些网络能够把机器和它们的集群联系在一起？工业互联网正在实现这些……一个庞大的物理世界，由机器、设备、集群和网络组成，能够在更深的层面与连接能力、大数据、数字分析相结合，这就是工业互联网所带来的革命。

这场革命是一场生产力的革命。因为工业互联网放大了云的作用，将带有内置感应器的机器和复杂的软件与其他机器（也包括人）连接起来，这样人们就能从中提取数据，进行分析，找出数据背后隐藏的意义。机器将会具备自我诊断和自我修正的分析智能。它们将能够在实时的情况下为恰当的人提供恰当的信息。当机器感应到触发条件和通信信号时,它们就成为有理解能力的工具。它们能够生成知识信息,人们将借由这一点更快地采取行动、节省资金、达到更好的效果,生产力的提升就是这样实现的。从下面这个案例中,我们就能够感受到智能机器所带来的好处。

"汽车界的苹果"特斯拉在工业互联网领域走在了同行的前面。它将自己生产的汽车不单单定位为一辆电动车,而是一个大型的、可移动的智能终端,具有全新的人机交互方式,通过互联网终端把汽车做成一个包含硬件、软件、内容和服务的体验工具。特斯拉的成功体现在以技术突破为契机,把互联网思维融入汽车制造。

特斯拉已经实现了个性化定制。以 Model S 为例,它共有 9 种车身颜色供用户选择;除了车身颜色,用户还可以自定义车顶、车毂及内饰;订车时,用户可以选择不要天窗,也可以定制一个配有黑色车顶的白色车;如果觉得后备厢的电动开关无关紧要,可以选择不要;其他定制需求,如在后备厢加一个儿童座椅等,特斯拉都能一一实现。

特斯拉的生产制造是在其位于美国北加州弗里蒙特市的"超级工厂"中完成的。在这个花费巨资建造的"超级工厂"里,几乎能够完成特斯拉从原材料到成品的全部生产过程,整个制造过程将智能化与自动化发挥到了极致,其中"多才多艺"的机器人是生产线的主要力量。目前,"超级工厂"内一共有 160 台机器人,分属四大制造环节:

冲压生产线、车身中心、烤漆中心和组装中心，如图 5-1 所示。

图 5-1　特斯拉"超级工厂"

车身中心的"多工机器人"是目前最先进、使用频率最高的机器人。它们大多只有一个巨型机械臂，却能执行多种不同的任务，包括车身冲压、焊接、铆接、胶合等工作。它们可以先用钳子进行点焊，然后放开钳子拿起夹子，胶合车身板件。

当车体组装好后，位于车间上方的"运输机器人"能将整个车身吊起，运往位于另一栋建筑的喷漆区。在那里，拥有可弯曲机械臂的"喷漆手机器人"不仅能全方位、不留死角地为车身上漆，还能使用把手开关车门与车厢盖。

送到组装中心后，"多工机器人"除了能连续安装车门、车顶外，还能将一个完整的座椅直接放入汽车内部。组装中心的"安装机器人"还是一个"拍照达人"，因为在为 Model S 安装全景天窗时，它会先在正上方拍一张车顶的照片，通过照片测量出天窗的精确方位，再把一块玻璃黏合上去。

在车间里，车辆在不同环节间的运送基本都是由一款自动引导机器人"聪明车"来完成的。工作人员提前在地面上用磁性材料设计好行走路线，"聪明车"就能按照路线的指引，载着 Model S 穿梭于工厂之间。

智能机器无疑提升了工业领域的生产力，当然还不仅如此。从另外一个方面来看，例如，用最先进的物理和材料学技术可以让飞机引擎比以往更加强劲、更有效率。想要实现生产力的提高，一方面可以继续在物理方面改进智能机器，另一方面则可以使用软件进行监控，分析大数据，来解决每年航空领域高居不下的浪费问题，造成这个问题的原因是燃料使用低效，飞机维护没有安排好、航班延误……一旦解决了这些问题，生产力是不是也能提高？

无论是在运营、性能方面，还是维护方面，不仅是在工业领域，每个产业都在寻找下一个关于生产力的增长点。工业互联网同样能够帮助它们。

工业互联网之所以带来了产业革命，其根本原因是各项跨时代新技术的出现与成熟：机器学习、大数据、物联网等技术赋予了工业一个新的可能，正是它们引导着世界敲开了工业互联网的大门。

例如，在 2014 年马航 MH370 消失事件中，飞机发动机与卫星的应答机制提供了重要线索，这个系统可以帮助工程师及时发现发动机数据异常，从而帮助飞机维持飞行。而事实上，这项技术已经非常成熟。例如，GE 推出的 GE 航空大数据平台，着眼于飞行（风险）分析、燃油管理以及发动机分析三大关键领域。GE 的团队收集了东方航空在役的 500 多台 CFM56 发动机损耗较高的部件——高压涡轮叶片的送修数据，结合 2000 年以来的远程诊断记录和部分第三方数据，应用大数据技术，建立了叶片损伤分析预测模型，可以及时地发现发动机运转中的异常数据，并通知航空公司进行检修，大幅提升了飞行的安全性。而这种工业信息的数据化、云端化和人工智能化，正是工业互联网发展的方向所在。

既然技术是工业互联网得以实现的前提，那么在未来，新技术必然成为工业互联网发展的重要依仗。在 2018 年德国汉诺威的工业博览会上，全球最前沿的新产品、新技术的出现就成为整个行业的焦点。

作为世界上规模最大的国际工业盛会，2018 年在德国汉诺威举办的工业博览会展示了全球最前沿的新产品、新技术。

从互联网到工业互联网，网络技术会发生很多变化，特别是深入到工业现场的"最后一公里"，被认为是工业互联网的难点所在。在汉诺威工业博览会上，工业互联网产业联盟（AII）、边缘计算产业联盟（ECC）、FraunhoferFOKUS、华为、施耐德电气、和利时、美国国家仪器（NI）、贝加莱（B&R）、TTTech、思博伦通信（Spirent Communications）等超过 20 家国际组织和业界知名厂商，联合发布了包含六大工业互联场景的"TSN+OPC UA"智能制造测试床，为打通"最后一公里"奠定了基础。

从网络角度看，工业互联网目前可以分为工厂内网和外网，为了满足低时延、高可靠的网络要求，目前全球都在研究时间敏感性网络和确定性网络。

由于智能制造对于柔性生产提出了更高的要求，以及跨平台、跨行业的应用需求越来越多，大型实时工业通信网络为运营者带来了严峻的挑战。此次工业博览会上发布的测试床基于 OPC UA 标准，确保了在一个系统中，来自不同厂家的多种设备可以方便地进行协作；而时间敏感网络（TSN）测试床融合了软件定义网络（SDN）技术，实现了根据精确时间进行优先级排序，把实时和非实时数据进行统一传输，真正实现了机器、人、物连接的"一网到底"，打通工业互联网"最后一公里"。

在测试床中，华为 TSN 交换机提供了高可靠性和超低时延的工业控制网络，如图 5-2 所示。测试床通过模拟丰富的真实智能制造场景，现场演示验证智能制造的关键技术点——TSN+OPC UA。该技术是预测性维护、数据分析、机器学习、人工智能等新技术的关键推动因素，可以帮助工业企业提高效率，例如，减少停机时间、提高设备综合效率、降低总体成本等。

图 5-2 华为用时间敏感网络（TSN）构建工业互联网

在本次发布的智能制造测试床中，华为与多家厂商共同打造了六大工业互联场景，验证了 TSN 在复杂的环境情况下的高确定性和低时延性，保障工业场景下的严格同步运动控制，如图 5-3 所示。

图 5-3　2018 年工业博览会华为与多家厂商共同打造了六大工业互联场景

未来，工业领域将有数以百亿计的设备连接上网，传统工业以太网无法承受巨大的数据传输量，需要一种新的架构来满足高带宽、高速率、海量连接等方面的诉求。华为推进的 TSN 技术和标准则真正实现了工业"全网通"。

在工业博览会上，除了华为外，还有很多知名企业公布了最新的工业互联网技术。

目前，云计算技术领先的亚马逊在工业博览会上摆出了"气垫云"，如图5-4所示，形象地展示了自己作为云平台基础设施提供商的身份，并且在"气垫云"上挂着一众合作伙伴的名字，如西门子股份公司、库卡、万可等20家企业。亚马逊提供的云基础设施可以支撑工业云平台，可以自行配置运行的实例类型、数量，还可以选择实例运行的地理位置，根据需求随时改变使用数量，并且是物联网操作系统的底层运行基础设施。

图5-4 亚马逊在工业博览会上摆出"气垫云"

在工业互联网领域，微软公司也带来了不小的惊喜。在2018年汉诺威工业博览会上，它推出了一系列 Azure 云功能。

面向物联网工厂的自动恢复服务简化了制造企业新增工业设施和部署安全性的操作，显著降低了管理成本。这项服务提供 OPC UA 全球发现服务器（Global Discovery Server，GDS）界面，可确保与现有用户端和服务器端的兼容性。

在 Azure Stack 上的 Azure IoT Hub 与设备管理。Azure IoT Hub 将运行在 Azure Stack 混合云上，让用户和合作伙伴可以在企业内部对数据进行接近实时的采集与分析。

为了给边缘设备提供更加周全的安全保护，微软还发布了 Azure Sphere 预览，这是首个面向联网微控制单元（Micro Control Unit，MCU）提供工业级安全保障的完整平台。

除此之外，为了响应制造企业的需求，微软还对 Azure Time Series Insight（TSI）进行了升级，这项服务将带来大规模可伸缩存储和数据存档能力，并有助于降低存储成本。

另一家巨头企业西门子股份公司也带来了 MindSphere 平台的 3.0 升级版本。自从在 2016 年 4 月举行的德国汉诺威工业博览会上首次发布以来，MindSphere 一直备受关注。与西门子股份公司 MindSphere 的互联，是实现数据驱动的新商业模式的基础之一。在本次汉诺威工业博览会上，西门子股份公司展示了 MindSphere 3.0 版本的最新更新与应用程序。通过建立 MindSphere World，西门子股份公司与用户及合作伙伴共同迈出了拓展 MindSphere 生态系统的一步。对用户来说，西门子股份公司的 MindSphere 物联网操作系统提供了设备互联和数据分析的新维度。

另外，作为拜仁的技术合作伙伴，西门子股份公司基于 MindSphere 开发了一款草皮养护 App。有了这款 App，浇灌更多的水还是暴露在更强或更长时间的光照下，究竟是哪种蘑菇让草皮染病也不再是难题。

中国的企业同样在工业博览会上展示了自己的新技术。

海尔公司展示了升级版工业互联网平台 COSMOPlat，如图5-5所示。这个具有中国自主知识产权并引入用户全流程参与体验的解决方案，在汉诺威工业博览会上引来大量参观者和同行的驻足关注。一条高度自动化和智能化的生产线仅用几分钟便生产出无数带有用户个人特色的定制产品。海尔的 COSMOPlat 展现了现代制造业高度柔性化的核心理念，也从另一个侧面向世界展现了中国方案的实力和中国创新的魅力。该平台的特点在于，它不是简单的机器换人、设备连接、交易撮合，而是以用户体验为中心，创造用户的终身价值，实现企业、用户、资源的共创、共赢、共享。

除此之外，中国航天科工携"工业互联网与智能制造""智慧与安防""特色装备""新材料与工业基础件""环保科技"五大技术板块约70项高科技产品和解决方案，在德国汉诺威工业博览会上亮相。中国航天科工于 2017 年面向全球发布的工业互联网云平台 INDICS 也亮相汉诺威。目前，INDICS 平台注册企业数已达 150 万户，其中境外企业 1.3 万余户。中国航天科工还完成了基于 INDICS 国际云平台的多语言环境建设计划，开发完成了英语、德语、波斯语、俄语、西班牙语、法语、阿拉伯语 7 种语言版本，使 INDICS 国际云平台具备了为全球多个国家提供工业互联网相关服务的基础条件。

图 5-5　海尔参加 2018 年汉诺威工业博览会

来自中国深圳的智能制造企业华制智能作为"全球化的智造云生态领跑者"，这次为汉诺威带来了自主研发的"华制智造云"工业互联网平台。"华制智造云平台"基于云端化、模块化、标准化、产品化构建云端平台环境，搭载工业数采系统，支持海量设备接入，拥有界面组态、逻辑配置、接口管理等模块化工具，支持 SaaS 应用的组装配置，可与第三方共同开发。智造云平台已经成熟的应用包括设备建模、设备监控、故障分析、预测维护等设备云应用,计划排产、工程管理、品质管理、生产追溯等生产云应用,订单管理、运输管理、调度管理等物流云应用,以及工业建模、深度学习、智能分析等工业大数据云。未来,华制智能还将建设更加开放的智造云生态,以更低的成本、更高的效率、更快的响应协助工业企业迅速、方便地实现智能制造转型。

工业互联网也被形象地称为"第四次工业革命",引发这次革命的诱因正是与之相对应的"第四次科技革命"。因此,第四次工业革命也被定义为以人工智能、清洁能源、机器人技术、量子信息技术、虚拟现实以及生物技术为主的全新的技术革命。

从上述案例中,我们看到了全世界很多知名企业所推出的各种工业互联网新技术。这一系列新技术的发展与成熟带动了工业互联网体系的搭建与实现,从而让我们的世界迎来了新一轮的工业革命。

工业互联网的未来发展趋势

前文已经谈到,当下世界正在经历"第四次工业革命",也就是新技术引发的工业互联网革命。而对于这次革命的方向,工业领域用"两化融合""大规模定制化""机器人""云计算""信息物理系统"等名词来描述。然而,这些描述都不是工业互联网背景下整个工业领域未来的发展趋势,而只是实现的手段。那么,趋势到底是什么？它不是技术，而是变化的方向。

如果我们只把技术看成顺应趋势的手段，那么这一系列的新技术就只会是"手段之一"。如果换一个角度，着眼于趋势本身，那么人们思考的方式就变成"在这些趋势的实现过程中，是否要有其他的手段可以达到同样的目标"。

从这个角度出发，我们对工业互联网未来发展趋势的预测就会是另一番景象。

⊙ 虚拟化

工业进入 20 世纪 50 年代以后，如果将工业史与 IT 史并列来看，就不难发现近半个世纪里工业领域所产生的变化，这些变化几乎全部来自计算机科学上的突破。例如，如果没有半导体即芯片技术的发展，PLC 就不会出现；如果没有软件技术的发展，数控程序就不会出现；如果没有信息处理和存储技术，信息物理系统也就不会出现……

实际上，从数学的发明，把现实世界抽象为数字开始，人类世界就已经启动了虚拟化的过程，而计算机科学的出现，则加速了这个进程。今天，物理世界的一切存在，都已经被逐步虚拟化为一连串的数字符号。计算机是虚拟化世界的基础，0～1 代码是虚拟化的标准，传感器是虚拟化的入口，数据存储则是虚拟化世界的载体。

人机交互技术的发展，逐步完成了工业互联网体系内人的虚拟化；而智能产品的发展，开启的则是物的虚拟化。这个虚拟化的趋势，催生了众多的技术，也带来了让人惊叹的商业机会。今天，信息物理系统、智能产品都成为全世界工业的热点，这意味着虚拟化趋势的加速度正在变得越来越快，这也成为工业互联网未来发展的趋势之一。

⊙ 流动

如果我们把工业领域被虚拟化后形成的信息看作一个个静止的单点，那么这些信息只有流动起来，才能成为一个完善的工业流体系。因此，信息流动就是一个自然发生的过程，如图 5-6 所示。而我们熟悉的连接，就是实现这个流动趋势的技术手段之一。

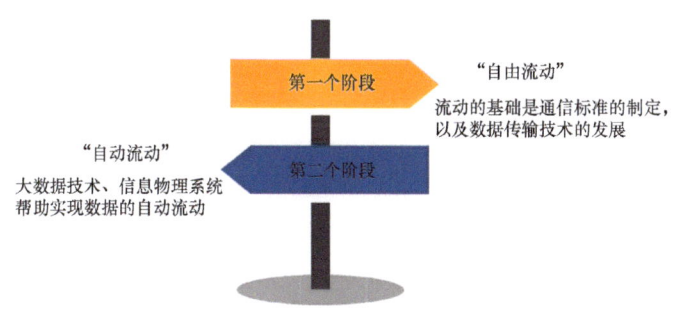

图 5-6　信息流动分为两个阶段

数据流动是为了什么？其实就是为了实现资源的重新配置，这个过程将每个虚拟化后的信息自由或自动地匹配到需要它的位置上，将供给和需求完美匹配，定制化生产就是个最好的例子。

我们常说的"信息化"其实就是数据的"自由流动",而"数字化"则是信息的"自动流动"。所谓的"多品种、小批量、大规模定制化生产",就需要依靠数据的有效流动来完成。未来所有能够促进数据流动自动化的技术,都会成为工业互联网的发展方向。

⊙ 再聚合

随着数据与信息的流动,资源的重新配置得以实现,此时,资源必须再次聚合,才能对物理世界产生影响。因此,"再聚合"是未来工业互联网的又一个趋势。虚拟世界再聚合的技术如图5-7所示。

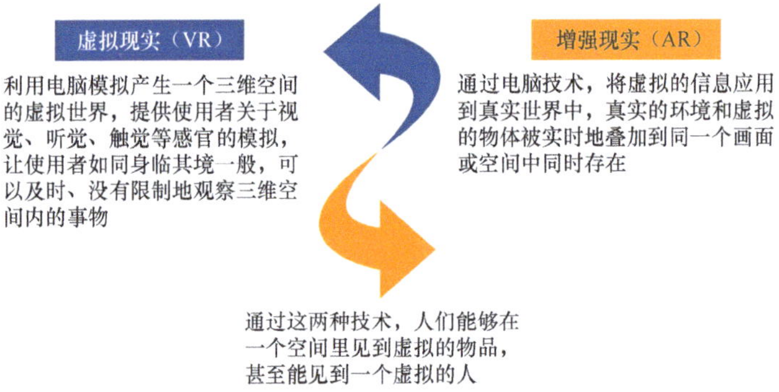

虚拟现实(VR)
利用电脑模拟产生一个三维空间的虚拟世界,提供使用者关于视觉、听觉、触觉等感官的模拟,让使用者如同身临其境一般,可以及时、没有限制地观察三维空间内的事物

增强现实(AR)
通过电脑技术,将虚拟的信息应用到真实世界中,真实的环境和虚拟的物体被实时地叠加到同一个画面或空间中同时存在

通过这两种技术,人们能够在一个空间里见到虚拟的物品,甚至能见到一个虚拟的人

图5-7 虚拟世界再聚合的技术

如果把互联网看作虚拟化的入口,那么它也是再聚合的出口。这个虚实的过程都是以"人"为主而不是以"物"为主。另外,使虚拟世界在"物"上实现再聚合的正是工业互联网。智能生产、智能物流、智能供应链、云工厂等都是以"物"为前提的,通过虚拟

化的数据信息流动后再聚合所生成的结果。

与虚拟化和流动比起来，再聚合技术的发展相对滞后，工业互联网发展的关键和难点就在于虚拟世界的再聚合。这个过程实现的方式也许有很多种，如目前已经实现的信息物理技术等。

⊙ 降低共识成本

在生产活动中，人和人只有不断地达成共识，才能有效地协作。这个共识，理论上讲只需要双方都认可就能实现。例如，两个人进行一次交易，只需在各自的账本上增减金额就可以完成。但由于双方缺乏信任，通常需要一个中间人来做仲裁，同时还要付出一定的成本去供养这个中间人，例如，银行等都是这个共识的"中间人"。这就是人与人之间共识的达成方式。

人与人之间尚且如此，那么机器与机器之间达成共识则更加困难，它需要一个运算能力很强的"中心化"节点来完成仲裁判断，这个成本也非常高昂。因此，不断地降低达成共识的成本就是工业互联网发展的又一个趋势。

在传统的工业信息化中，很多企业给一部分人开超级权限，在本地放置一个中央服务器，通过这些"中心化"的方式来达成共识。后来云计算技术出现，将本地的共识达成后放到云端进行，这样就可以大幅降低达成共识的成本，但是这仍然不够。目前最新的区块链技术可能会大幅降低达成共识的成本。区块链技术的体系化和密码学，保证了双方不再需要"中心化"的裁判也能达成共识，这就将达成共识的成本大幅降低了。

⊙ 组织结构转变

由于数据流动的需要以及达成共识成本的降低，在工业互联网体系下，工业企业的组织形态也要发生重大的变化。工业企业组织的存在是为了降低交易成本，一个行业的交易成本越高，需要的协作越多，组织机构就越庞大。例如，钢铁公司的组织比餐馆大很多，这是因为钢铁行业的平均交易成本远高于餐饮业。但是当组织不断扩大，它自身的管理成本高于它降低的协作成本时，组织就会破产或者消亡。

在工业互联网时代，工业企业组织会从层级结构向网络化结构转变，带有"中心化"节点的科层组织将消失，企业将成为自由人连接协作的平台。它存在的价值不再是少数人获得利润，而在于给组织中的个体赋能。

举个例子，3D打印技术让传统工业社会分离的生产和消费重新统一起来，消费者可以自行生产需要的物品，社会的协作创造会减少，个体创造将增加，这就导致人的个体价值持续提升，资本利润不断下降。第二次工业革命以来建立的垄断资本社会将瓦解，农业社会的等级、工业社会的阶级都将消亡。这就是组织层级结构向网络化结构转变的最好例证。

⊙ 人工智能

人工智能是未来工业互联网发展的一个趋势。人类与其他物种最大的区别在于人类有更长的婴儿期和儿童期，这意味着年轻人依赖父母的时间更长，同时长辈给后代传授生活技能的时间也相应更长。从孩子的角度来看，缓慢地成熟意味着塑造过程的延长和学习能力的大大提高。学习能力的增强使人类有意识地保护那些发明和发现。这时，文化演化就开始超越生物演化，支配人类行为的更多的是人从社会中学到的知识，而不是DNA的遗传机制。

与此类似，人工智能和普通计算机技术最大的区别就在于人工智能可以自行进化。普通的计算机技术是对人类预设知识的演进和重复，而人工智能则是人类知识的集合，使用的人越多，人工智能的智慧就越高。人类最大的特点是后天学习超过先天DNA遗传，而人工智能的本质是让机器后天的学习超过先天的程序预设，从而完成不断的进化。可以确定的是，能够完成自进化的工业产品或者工业组织将成为未来工业互联网背景下的主角。

⊙ 小众群体产品

在未来的工业社会，一个显著的特征是人们不会再有统一的价值观、统一的思想、统一的偏好。宝洁、联合利华之类的大众消费品牌近年来不断衰落，越来越多的小众品牌出现，就印证了这一趋势。例如，偶像组合TFboys过生日，微博上居然有4000万人祝他们生日快乐，但是绝大多数"60后""70后"商业人士却从没听说过他们。人群之间的相互理解将越来越困难，不会再有一个品牌被所有人喜欢。跨群体的品牌价值将被少数人的人格价值所取代。未来的工业企业都将摆脱"组织"的色彩，更多地去塑造"人格"的魅力，同时不断地缩小组织结构，为每个小众群体提供个性化产品，这就是工业互联网时代对工业企业的要求。

在这个过程中，新的商业机会会出现。近年来涌现的很多产品、品牌，如锤子手机，都是小众群体趋势下的产物，它把以往的小众群体汇聚在一起，通过产品凝结的归属感减少这些人的孤立感，让他们能够继续坚持自己独特的价值观。

⊙ 商业模式颠覆技术品牌

工业革命是人类历史的一个分界线，在此以前，人类面临的永恒问题是"生产不足"，从此以后，这个问题逐渐转向了"需求不足"。尤其在中国，过去不管我们生产什么，几乎都可以很容易地卖出去，而且所有的生产环节几乎都会在同一个工厂里进行。然而仅仅30多年以后，工业的自动化和信息化成为现实，工业生产的方式也从传统的作坊生产变成全球化的分工协作。这种转变的结果就是，几乎所有的商品在全世界的各个地方都可以买到，这迫使所有商家都必须给用户一个"在我这里买"的理由。这个独特的理由就是商业模式，它的本质就是资源的重构。

未来的工业互联网时代不再是基于产品和技术的竞争，而是基于商业模式的竞争，而跨界的本质就是基于商业模式的竞争。三星电视与小米电视，如果从产品的视角看，就只能无休止地比拼质量、性能这些参数；而从商业模式的视角看，它就变成"生产销售型"企业与"内容生态型"企业两种商业模式的竞争。同样，亚马逊与新华书店之间也不是产品的竞争，而是"电子商务"与"批发零售"商业模式之间的竞争。特斯拉与保时捷等都是基于商业模式的竞争。对于未来的工业企业而言，技术和产品是不能带来持久竞争优势的，所以企业不能只去管理生产要素，而要学会管理经营策略，要通过创造新的商业模式来实现价值链的增值。未来工业企业的整个体系将会以商业模式为中心，而不再以技术和品牌为中心。

综上所述，我们能够看到工业互联网在未来相当长一段时期内的发展方向。那么，具体而言，工业互联网将会如何迈开步伐走向未来，实现上述那些"未来寓言"呢？方法步骤如图 5-8 所示。

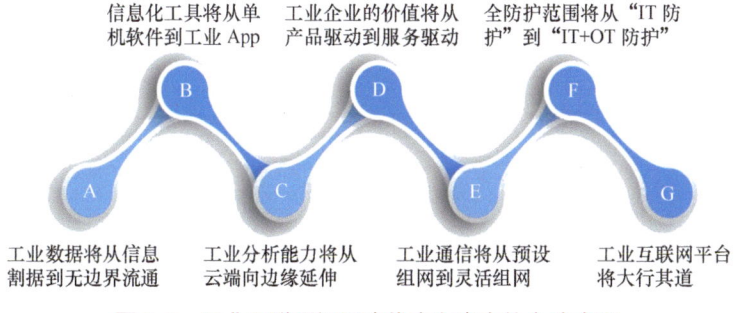

图 5-8　工业互联网迈开步伐走向未来的方法步骤

工业互联网是连接工业全系统、全产业链、全价值链，支撑工业智能化发展的关键基础设施，是新一代信息技术与制造业深度融合所形成的新兴业态和应用模式，是互联网从消费领域向生产领域、从虚拟经济向实体经济拓展的核心载体。它同时也是新一代信息通信技术与现代工业技术深度融合的产物，是制造业数字化、网络化、智能化的重要载体，是全球新一轮产业竞争的制高点。在不久的将来，工业互联网将为工业生产、销售、服务等环节带来变革，能否抓住时代的机会，顺应发展的潮流，从这片蓝海中脱颖而出，将决定工业企业未来发展的存亡。

未来的工业世界是工业互联网的世界，它将以何种面目示人，就让我们拭目以待吧。